国家出版基金项目
NATIONAL PUBLICATION FOUNDATION

“十三五”国家重点出版物出版规划项目
中国反腐败国家立法研究丛书

国际组织反腐败立法研究

聂资鲁 著

湖南大學出版社
·长沙·

图书在版编目（CIP）数据

国际组织反腐败立法研究 / 聂资鲁著. -- 长沙：湖南大学出版社，2023.11

（中国反腐败国家立法研究丛书）

ISBN 978-7-5667-3295-8

Ⅰ. ①国… Ⅱ. ①聂… Ⅲ. ①廉政建设—国际刑法—立法—研究 Ⅳ. ①D997.9

中国国家版本馆 CIP 数据核字（2023）第 237289 号

国际组织反腐败立法研究

GUOJI ZUZHI FANFUBAI LIFA YANJIU

著　　者： 聂资鲁
策划编辑： 谌鹏飞
责任编辑： 刘湘琦
印　　装： 湖南天闻新华印务有限公司
开　　本： 710 mm×1000 mm　1/16　　**印　　张：** 14　　**字　　数：** 205 千字
版　　次： 2023 年 11 月第 1 版　　**印　　次：** 2023 年 11 月第 1 次印刷
书　　号： ISBN 978-7-5667-3295-8
定　　价： 60.00 元

出 版 人： 李文邦
出版发行： 湖南大学出版社
社　　址： 湖南・长沙・岳麓山　　**邮　　编：** 410082
电　　话： 0731-88822559（营销部），88821691（编辑室），88821006（出版部）
传　　真： 0731-88822264（总编室）
网　　址： http://press.hnu.edu.cn
电子邮箱： presschenpf@qq.com

总　序

党的十八大以来，以习近平同志为核心的党中央，从维护党和国家长治久安与回应民众期待要求出发，高度重视法治反腐，坚定不移地推进党风廉政建设与反腐败斗争。反腐败斗争力度前所未有，取得的成就令世界瞩目，成功地走出了一条中国特色的反腐败之路。我国在国际社会树立了良好的形象，国际影响力与话语权不断得到提升。

在国际规则重塑的当下，国际社会，尤其是新兴国家，特别需要中国提供的公共产品——反腐败中国方案与中国经验，国际反腐败合作也需要中国参与和推进。十年来，中国秉持多边主义立场，积极维护以联合国为核心的反腐败国际治理体系，积极参与反腐败多双边合作，坚决打击跨国腐败犯罪，推动全球反腐败秩序向更加公平公正的方向发展，为构建人类命运共同体作出了中国贡献。

推进反腐败国家立法，是党的十八大以来，以习近平同志为核心的党中央全面从严治党重大政治建设成果的经验总结。推进反腐败国家立法，事关党风廉政建设和反腐败工作全局，是建设中国特色社会主义法治体系的重要内容。在十八届中央纪委二次全会上，习近平总书记就提出，要善于运用法治思维和法治方式反对腐败，加强反腐败国家立法，加强反腐倡廉党内法规制度建设，让法律制度刚性运行。党的十八届四中全会提出："加快推进反腐败国家立法，完善惩治和预防腐败体系，形成不敢腐、不能腐、不想腐的有效机制，坚决遏制和预防腐败现象。"党的十九大报告提出："推进反腐败国家立法，建设覆盖纪检监察系统的检举举报平台。"党的二十大报告明确提出："深化标本兼治，推进反腐败国家立法。"

“中国反腐败国家立法研究丛书”（以下简称“丛书”），基于党的十八大以来“推进反腐败国家立法”和“一体推进不敢腐、不能腐、不想腐”“夺取反腐败斗争压倒性胜利”这一时代背景，以习近平法治思想为根本遵循，深入分析党风廉政建设与反腐败斗争中的重大法治问题，尤其是立法问题，博采众长，希望建构起一种与社会主义市场经济、法治国家和民族精神的发展相适应的道德、廉政、法治秩序，以服务于法治中国建设，服务于中国式现代化建设。

丛书含括《反腐败国家立法通论》《国际组织反腐败立法研究》《防止公职人员利益冲突立法研究》《公共财政绩效预算与反腐败立法研究》《国有企业反腐败立法研究》《推进反腐败国际立法研究》《国外对中国近年来反腐败及反腐败立法的评价研究》等七个分册，凝结了作者对反腐败国家立法的历史沿革、立法原理、立法文本、立法技术、立法效果等方面的全面梳理、归纳与思索。丛书既有关于反腐败国家立法的整体分析，又有对于重点领域立法推进的具体研究，以及对国际反腐败合作与立法的深度研究，还有对国外评价中国反腐败国家立法效果的再评价，它们共同构建了一幅全景式展示反腐败国家立法理论、历史与发展规律、立法技术等的蓝图。

其一，建构了中国反腐败国家立法研究的分析框架和研究范式。从腐败的生成机理、构建反腐败的核心要素、反腐败立法的正当性和合法性等方面搭建了中国反腐败国家立法的分析框架。

其二，概括了反腐败国家立法模式。在对国外反腐败国家立法实践进行全面梳理和总结分析的基础上，将国外反腐败国家立法分为三个时期、三种模式，并对三个时期和三种模式进行了评析，总结了世界各国在反腐败立法上的经验教训。

其三，论证了我国推动反腐败国家立法体系化的必要性和可行性。从维护社会公平正义与和谐稳定的宏观角度，依然严峻的反腐败形势的中观角度，以及我国对《联合国反腐败公约》履约、为国际社会提供反腐败公共产品的微观角度，论证了我国推动反腐败国家立法体系化的必要性。从政策支持、理论储备、立法依据和国际经验等四个方面论证了我国推动反腐败国家立法体系化的可行性。

其四，以国外反腐败法律文本、立法实践为研究对象，落脚于对我国反腐败国家立法的探索，提出了未来我国反腐败国家立法体系的构想，提供了若干立法草案。

其五，提出了推动中国特色反腐败法典的编纂是当下刻不容缓的要务的观点，并着力分析了推动反腐败法典编纂的必要性、可行性，提出了起草反腐败法典的思路、框架与实施策略。

丛书既有对当代中国反腐败国家立法体制机制、反腐败立法体系化和反腐败法典的内涵及其特点、规律的探索，又有对国外反腐败国家立法的得失、特点与规律的总结，还有对国际组织反腐败立法的研究；既有对推进反腐败国际立法与反腐败国际执法的研究，又有对国际反腐败立法、执法绩效评估的研究。这些既是对反腐败国家立法、反腐败国际立法的历史演进、现实发展的研究，也是对未来反腐败法治建设的前瞻。

希望丛书能够给广大读者以启发，也期待着大家的批评指正。

2023 年 6 月 10 日

于广西大学

目　次

第一编　理论编

第二编　实践编（上）

第三编　实践编（下）

第四编　应对编

第一编　理论编

第一章　国际组织及其立法相关问题概述

国际组织有广义和狭义两个维度的定义，不同的维度有不同的内涵和外延，这实质上也是按照成员性质对国际组织进行的划分。

广义上，凡是由两个以上的国家或其政府、民间团体或个人基于特定目的，以一定的协议形式而建立的各种常设机构，都可称为国际组织。[①] 其中，成员构成为国家或政府、建立依据为国际条约的，称为政府间国际组织（IGO），如：联合国、世界贸易组织、世界银行、世界海关组织、国际刑警组织、欧洲联盟等。政府间国际组织必须具备以下特征："根据国际法、由国际条约设立，至少具备一个意志机构。"[②] 而成员构成是不同国家的民间团体或个人的，称为非政府间国际组织（INGO），如：世界审计组织、国际商会、透明国际等。

狭义的国际组织仅指政府间的国际组织。1969 年《维也纳条约法公约》第二条规定："称'国际组织'者，谓政府间之组织。"可见，国际法中所称的国际组织仅限于政府间组织，即"若干国家（政府）为特定目的以条约建立的各种常设机构"。[③]

本研究所指称的国际组织是广义上的概念，既包括政府间的国际组织也包括非政府间的国际组织。

---

① 邵沙平．国际法［M］．北京：中国人民大学出版社，2010：321.

② Henry G Schermers，Niels M Blokker. International Institutional Law：Unity within Diversity［M］. Leiden：Martinus Nijhoff Publishers，2011：37.

③ 梁西．国际组织法：总论［M］．武汉：武汉大学出版社，2001：4-6.

一、国际组织的职责与功能

国际组织在约定的规章范围之内可独立参与国际事务，享受相应的权利和承担相应的义务；可独立与其他组织协商并签订条约，可主持召开会议并参与规章的形成与制定；可为执行任务提供成员国一定的优先权甚至特权或豁免权；保有及处理本组织资产的权利。事实上，国际组织行使权力是建立在彼此相互约束和认可的规章制度上的，并没有像国家一样的权力来源。①

（一）政府间国际组织的职责与功能概述

国际组织是以国家间的正式协议为基础而建立的。因而，国际组织的主要机构、职权与职责、活动程序以及成员国的权利与义务，都应以其基本文件（或称组织法、章程、宪章等）为依据，不能超越基本文件规定的范围。依据组织法，政府间国际组织通常具有以下职责与功能。

1. 为各成员国提供对话与合作的平台

国际组织的成立主要聚焦于某区域范围或跨国问题，因此也为各成员国或团体提供一个可以用于沟通交流的平台和渠道。所有国际组织成员国都可以通过这样的平台平等参与相关国际议事，各国可对国际问题进行充分讨论，自由发表意见，促进了国际组织宣传舆论的传播与扩散，可最大限度地调动成员国参与的积极性。这种论坛也是多边外交的一种组织形态，为成员国之间正式的对话以及非正

① 朱稳根. 国际政府间组织与非政府组织在全球航空治理中的互动研究［D］. 上海：上海交通大学，2011.

式的会谈交往提供了一种全新的模式，有利于发展双边关系，缓解过度紧张的国际局势。①

2. 组织国际社会各领域的活动

随着全球经济和社会的迅速发展，国际社会的诸多领域需要许多不同层级的国际组织进行协调管理，与此同时，部分国际组织的职能也随着全球组织化的强化而增强。国际社会政治经济秩序的创建和维护、全球可持续发展规划的探讨与制定、第三世界发展援助项目的发起和实施，这些都必须依托于国际组织的具体职能来逐步实现。②

3. 协商解决国际问题争端

目前，不少国际组织已承担起解决国际争端的有效工具这一角色，许多国际组织都为此制定了相应的解决机制，并列为其重要职能之一。国际组织在解决国际争端问题上具备先天的优势，可随时介入政治性和经济性争端，督促双方或多方和平解决。③

4. 推进国际合作进程

全球化进程的加速使人们意识到改变体系的紧迫性，同时世界经济一体化也在逐渐地瓦解着现有的世界格局。在新的世界体系创建过程中，国际组织行使职能的过程将会推动世界范围内民主化的建设。④

5. 参与、影响、主导国际新规则的制定

国际规则是实现国际社会稳定发展的前提和基础。长期以来，西

① 朱稳根. 国际政府间组织与非政府组织在全球航空治理中的互动研究［D］. 上海：上海交通大学，2011.

② 朱稳根. 国际政府间组织与非政府组织在全球航空治理中的互动研究［D］. 上海：上海交通大学，2011.

③ 朱稳根. 国际政府间组织与非政府组织在全球航空治理中的互动研究［D］. 上海：上海交通大学，2011.

④ 朱稳根. 国际政府间组织与非政府组织在全球航空治理中的互动研究［D］. 上海：上海交通大学，2011.

方一些国家在国际规则制定中占据主导地位，广大发展中国家则处于边缘地带，缺少发言权。当下，世界格局深刻调整，广大发展中国家在世界经济中的地位和作用日益突出，这必然要在国际规则发展完善中体现出来。一系列新的全球治理机制的建立也反映了这一点，如二十国集团（G20）机制、金砖国家机制的建立，为发展中国家与发达国家对话、共同促进人类面临的重大问题的解决提供了重要沟通平台和全新治理模式。① 这充分证明了国际组织参与、影响、主导国际规则制定的作用越来越重要。

（二）非政府间国际组织的职责与功能

二战结束后，非政府间国际组织不断涌现，且在全球范围内的地位和作用与日俱增。尤其自 20 世纪 90 年代以来，非政府间国际组织在很多问题上发挥了重要的作用，并在一些世界会议上表现活跃，得到了更多的关注和重视。

全球化的加速发展带来很多新的问题，各国政府之间的合作显然不能完全解决国家之间的争端。非政府间国际组织的成立和发展，恰好可以解决各国在核心利益领域的微妙关系，帮助成员国解决比较棘手的问题。非政府间国际组织在给世界体系注入新的力量的同时，也补充了一些新的内容，使得国际性组织具有了更加深远的意义。② 另外，非政府间国际组织作为第三方参与，能够更好地约束政府权力的滥用，使权力运行更透明，让治理更合理。③ 因而，全球范围内非政府间国际组织所发挥的功能亦逐渐加强，但也有一些自身

① 马峰．实用主义和双重标准不得人心：国际规则应由国际社会共同制定（热点辨析）［N］．人民日报，2018-12-19（07）．

② 李丹．全球危机治理中国际非政府组织的地位与作用［J］．教学与研究，2010（3）：69-75．

③ 朱稳根．国际政府间组织与非政府组织在全球航空治理中的互动研究［D］．上海：上海交通大学，2011．

难以克服的局限性，表现在：

一是一些非政府组织在法规制定的话语权上不能得到充分保障。①

二是一些国家出台限制性政策、法规，导致其难以施展手脚。20世纪60年代国际非政府组织兴起之初，由于不可替代的影响力和在解决国际争端问题上发挥的重大作用，它受到了国际政府间组织的欢迎与认可。但是随着20世纪90年代之后科技的快速发展、政治经济全球化的明显加速，非政府间国际组织的活动范围渐渐深入到政治和国家安全领域，这也对部分国家的现行管理提出了挑战，进而导致一些国家改变了对非政府间国际组织的态度，并出台了一些政策法规对其进行监管和限制。②

三是非政府间国际组织须依据一国的法律而建立，故在社会资源掌握在少数主权国家手中的情况下，为了生存和发展其不得不向一些主权国家妥协和靠拢。一些非政府间国际组织在得到主权国家提供的社会服务和社会产品之后，充当其宣扬政治思想、文化价值等的工具。③ 非政府间国际组织的独立性是难以保障的。

二、国际组织立法的时代之需

第二次世界大战结束以后，随着联合国的建立与作用的日益发挥，各类国际组织如雨后春笋般地不断涌现。据国际组织联盟的统计，国际组织从1909年的213个，迅速发展起来。到2021年，国际

① 朱稳根. 国际政府间组织与非政府组织在全球航空治理中的互动研究［D］. 上海：上海交通大学，2011.

② 朱稳根. 国际政府间组织与非政府组织在全球航空治理中的互动研究［D］. 上海：上海交通大学，2011.

③ 朱稳根. 国际政府间组织与非政府组织在全球航空治理中的互动研究［D］. 上海：上海交通大学，2011.

组织的数量已有约75000个，包括政府间国际组织和非政府间国际组织。[①] 国际组织也逐渐对国际立法、国际秩序的建立和维护发挥越来越大的作用。尤其是20世纪70年代全球化浪潮迅速涌起，全球化在客观上要求加强国际合作，这为国际组织推进国际立法、国际秩序的建立提供了机遇。

20世纪后半期所谓的多边合作和国际立法基本上是一种“富国俱乐部”模式，即来自少数富国的内阁部长或致力于研究同一议题的重要官员们召开会议然后制定规则。战后几十年来这种模式取得了一定成功，但在技术进步和市场化的推动下，这种模式也受到了越来越多的抨击。发展中国家和越来越多的非政府组织都不喜欢富国在它们不在时制定的“俱乐部规则”。[②] 因此，当前国际组织在参与全球治理时，只有更多地采用开放的机制，发挥其影响力，才能适应和满足时代之需。

全球化正在改变我们的世界。国际组织作为当今全球治理模式中的重要力量也必须顺势而为，努力弥补第二次世界大战以来的国际秩序和国际规则的短板与不足。

事实上，当代的许多国际法的创制是借助于国际组织来完成的，国际组织在国际立法方面有着诸多的贡献和作用。[③]

最近几十年国际组织的活动越发频繁，其作用也显而易见，无论是对协商解决国际争端，还是对主导创建国际体系新规则，都起到了积极的推动作用。[④] 尤其是许多国际经济组织，在推进反腐败国际合作与立法方面，在推进国际新秩序建立和维护方面，都显示出其巨大的主导作用。

---

① 国际协会联合会. 国际组织年鉴［EB/OL］.［2023-07-19］. https://uia.org/yearbook.

② 唐翀，张丹妮. 试论国际组织的造法功能［J］. 盐城工学院学报（社会科学版），2006(1)：31-35.

③ 何丹. 论国际组织对国际条约的影响［D］. 北京：中国政法大学，2013.

④ 朱稳根. 国际政府间组织与非政府组织在全球航空治理中的互动研究［D］. 上海：上海交通大学，2011.

三、国际组织的立法方式与效果枚举

国际立法与国内立法有着截然不同的立法程序，国际社会也没有国内那样专门的立法机关①。国际法主要靠多元主体创制、编纂而成。在多元主体中，国际组织是极其重要的国际立法力量。国际组织在解决全球问题、参与全球治理方面发挥日益重要的作用。尤其是第二次世界大战以来，最具影响力的国际组织——联合国，在国际立法领域的作用越来越明显。

（一）国际组织的立法方式

国际组织的立法方式往往表现在如下三个方面。

1. 通过参与国际交往、基本文件与最高机构的决议对国际法产生影响

国际组织在其职权范围内的各种活动，往往有助于一些法律概念的澄清并有助于确立新的习惯法规则。某些专门国际机构所制定的“标准”“建议”“做法”等，实际上具有规范的性质，而普遍性国际组织的代表机关所通过的决议，则更具有造法意义。②

国际组织往往通过参与国际交往促进成员国之间条约的缔结，到目前为止，这些条约涵盖了包括政治、经济、环境、人权等几乎所有人类社会生活的领域。另外，当今大量的国际规则，往往都是通过国际组织的努力发起、提出、谈判的，并且通常借助于国际组织来解释和实施。③

---

① 同样，国际社会也没有专门的执法机关，国际法的执行主要靠国家的善意履行。

② 张艾清. 略论国际组织的造法作用［J］. 贵州师范大学学报（社会科学版），1996(2)：36-38.

③ 何丹. 论国际组织对国际条约的影响［D］. 北京：中国政法大学，2013.

2. 通过主持或资助召开国际性会议以订立国际公约、国际组织的宣言等

19 世纪末以来，人们通过召开各种国际会议签订条约，以达到对国际法编纂的目的。联合国成立后，在其主持下召开了许多国际性会议和外交会议，缔结了一系列国际公约，这些公约使国际组织法、国际人权法等新兴的国际法部门得到充实和发展，在国际法的编纂方面取得了可喜的成果。[①]

20 世纪 70 年代以后，随着全球化的迅猛推进，国际组织参与全球公共治理的机会越来越多，发挥的作用越来越大，国际组织的软规范也越来越多，极大地促进了国际社会的发展。

3. 通过争端解决机制对国际法立法产生影响

某些国际组织自身存在完善的争端解决机制，在国际组织内部的争端解决机构中，各成员国可以就其他成员国不遵守条约规定的行为提出异议，违反条约规定的成员国需要承担相应的不利后果，这样的机制使得这些国际组织参与缔结的条约较普通国际组织参与缔结的条约更有强制性效力，并由此形成了一个规模不断扩大的司法或准司法意见体系。[②] 国际立法也由此得到丰富和发展。

（二）国际组织立法的效果

在国际法律系统中那些有法律约束力的规范被称为“国际硬法”，它们由国际法主体制定并对国际法主体产生法律约束力，主要是指作为主要国际法渊源的国际条约、国际习惯或一般法律原则。目前在国际法学上一般将那些不具有法律约束力又能产生一定法律效果的文件称为“国际软法”，例如国际组织的宣言、声明、承诺、标

① 张艾清. 略论国际组织的造法作用［J］. 贵州师范大学学报（社会科学版），1996（2）：36-38.

② 何丹. 论国际组织对国际条约的影响［D］. 北京：中国政法大学，2013.

准，以及大部分的决议和决定等具有高度共识的非约束性文件。区分软法和硬法并不完全是从制定主体角度，还要看文件是否对其制定者产生国际法上的强制约束力。

与硬法的“硬”不同，软法之“软”体现在无法律约束力，不是载有权利、义务、责任的具体规则；不作为有约束力的争端解决裁决依据，更不能作为强制执行的依据。诚如美国国际法学者韦斯所说：“根据定义，硬国际法在法律上是有约束力的，至少对一些国际主体（国家和政府间国际组织）是有约束力的，尽管未必对所有的主体都有约束力。反之，尽管软法表面上有约束力，但是‘软国际法’实际上无约束力。不过，国际主体习惯于遵守软法，因为这个特点它们才不无争议地被称为‘法’。”[①] Hillgenberg 也指出，软法不具有法律约束力，或说其本质上不是法，仅仅是国家因其内在理性而自愿遵守的政治承诺或国际道德，但是软法又并非简单的承诺或道义遵循，因为其可被视为国际立法渐进过程的基础，喻示某一领域或某一方面硬法规则的需求，具备准法律或是类法律之性质。[②]

从现实来看，许多国际组织的立法活动仍处于软立法时期。虽名为软法，但在全球化时代，国际组织制定的这些规则已经越来越重要，在某些情况下，其实际效力甚至已经超过了硬法，如 1992 年世界银行和国际货币基金组织制定的《外国直接投资待遇指南》（以下简称《指南》）。一国违背《指南》虽然并不会产生任何法律上的后果，但却会因此而得不到这两个组织的贷款，并且可能会被认定为投资环境欠佳从而影响该国吸收外资的能力。可见《指南》虽无任何强制力保证实施，但事实上其实际效力是相当强的。类似案例与实证还有很多，这些都反映出国际组织立法的时代之需，尤其是国际组织反腐败立法的时代之需。

---

① 张小平．全球环境治理的法律框架［M］．北京：法律出版社，2008：301.

② Hartmut Hillgenberg. A Fresh Look at Soft Law［J］. European Journal of International Law, 1999（10）：499-515.

第二章　国际组织反腐败立法相关理论问题研究

一、国际组织对腐败与腐败犯罪的认识

（一）对腐败定义的枚举

1. 全球性国际组织关于腐败的定义

经济合作与发展组织将腐败定义为：直接或间接向外国公职人员或者国际公共组织官员许诺给予、提议给予或者实际给予该公职人员本人或者其他人员或实体不正当好处，以使该公职人员或者该官员在执行公务时作为或者不作为，以便获得或者保留与进行国际商务有关的商业或者其他不正当好处。[①]

《联合国反腐败全球计划》则将腐败界定为：“为个人利益滥用权力。”

世界银行将腐败定义为：滥用公共职位以谋取私人利益。[②]

国际货币基金组织对腐败的定义：“腐败是滥用公共权力以谋取私人的利益。”

---

① OECD. Convention on Combating Bribery of Foreign Public Officials in International Business Transaction [Z]. 1996.

② The World Bank. Helping Countries Combat Corruption: The Role of the World Bank [Z]. 1997: 8.

透明国际将腐败定义为：滥用受托权力以谋取私人利益。[①] 腐败不仅包括公共部门发生的腐败行为，还包括私营部门发生的腐败行为。因为受托权力的获得并不一定要求必须具有公共职位，例如私营公司管理人员的权力。

国际商会将腐败定义为：为个人金钱或非金钱收益而滥用委任的权力。腐败可以表现为贿赂、索贿、敲诈勒索等形式。[②]

世界海关组织将腐败简明地定义为："滥用权力以谋取私人利益。"由此定义出发，世界海关组织认为，构成腐败有三个维度：偏离或违背公共义务、提供或接受某种形式的不当利益、隐秘性。同时，这三个维度也是判断腐败严重程度的参考尺度。

2. 区域性国际组织关于腐败的定义

亚洲开发银行在其最初制定的《亚洲开发银行反腐败政策》中，将腐败简要地定义为：滥用公共或私人职权谋取个人利益。[③] 后来，其确定了更全面的定义：腐败是涉及公共部门和私营部门官员的行为。在腐败行为中，当事人通过滥用他们所处的职位赋予他们的权力，不正当和非法地为自己敛财和/或为与他们关系紧密的人敛财，或引诱他人做出这种行为。除了对腐败做一般性的定义之外，该反腐败政策还以列举的方式，描述了亚行最为关注的 12 种腐败行为，包括采购欺诈、向政府官员非法支付"快钱"、向政府官员支付非法款项、非法付款、利用保密信息以谋取私利、盗窃或侵吞公共财产和款项、勒索和滥用公权、妨碍司法公正等。此外，亚行还特别明确了特定领域的腐败行为，例如对于采购方面的欺诈行为，亚行将其认定为："错误陈述事实，目的是影响对借款人不利的采购过程或合同执

① Transparency International Anti-Corruption Glossary [EB/OL]. (2020-02-02) [2023-06-20]. https://acfid. asn. au/good-practice-toolkit/definitions/general-definitionsl.

② Corruption is the Abuse of Entrusted Power for Private Financial or Non-Financial Gain. [EB/OL]. (2020-07-20) [2023-06-20]. http://www. iccwbo. org/policy/anticorruption/id13018/index. html.

③ 亚洲开发银行. 亚洲开发银行反腐败政策 [Z]. 1998.

行过程，包括投标人之确定人为的、无竞争的标价，剥夺借款人可从自由、公平竞争中获得的利益的共谋行为（在提交标书之前或之后）。"①

1999年《欧洲委员会反腐败民法公约》第2条规定：腐败是指通过不正当地履行职责，直接或间接地要求、提供、给予或者接受贿赂或其他不正当利益或机会的行为。②

2001年《南部非洲发展共同体反腐败议定书》第1条规定："腐败是指本公约第3条提到的任何行为，包括贿赂或其他公共或私营部门被授权人员违反他们作为公职人员、私人雇佣者、独立代理人或者其他类似身份的职责，为自己或他人谋取利益而从事的行为。"③

2003年《非洲联盟预防和打击腐败公约》第1条规定："腐败是指本公约禁止的行为和做法，包括有关罪行。"④ 同时，该公约第4条以列举的方式规定了适用范围。

尽管表述不同，但这些定义都将公器私用、滥用职权、以权谋私作为腐败的基本特征。

（二）对腐败犯罪概念界定的枚举

1.《联合国打击跨国有组织犯罪公约》关于腐败犯罪的界定

该公约第8条规定了两类腐败犯罪，第一类是行贿性的犯罪，第二类是受贿性的犯罪。关于这两类腐败犯罪的构成要件，需要注意"不应有的好处"。这是一个相对宽泛的概念，包括但不仅仅限于"财物"。此外，该公约还对外国公职人员或国际公务员受贿行为进

① 亚洲开发银行. 亚洲开发银行反腐败政策［Z］. 1998.

② ETS 174-Civil Law Convention on Corruption［EB/OL］.（2020-02-29）［2023-06-20］. https：//www. coe. int/en/web/conventions/fulllist//conventions/treaty/174？ _ coeconventions _ WAR_ coeconventionsportlet_ languageId＝en_ GB.

③ 南部非洲发展共同体反腐败议定书［Z］. 2001.

④ 非洲联盟预防和打击腐败公约［Z］. 2003.

行了规定。只不过该规定使用的是“考虑”表述，属于弹性条款，并不产生实质的强制力。

2.《联合国反腐败公约》关于腐败犯罪的界定

公约采用了列举的方式，以专章的形式将十一类行为归为腐败犯罪，其可分为四个大类：贿赂类、侵吞财产类、堵截类、关联类。

贿赂类犯罪主要包括四类犯罪行为。公约还特别规定了法人犯贿赂罪的刑事责任。从相关规定来看，该公约对于贿赂类犯罪表现出一些重要特点：一是把行贿与受贿放到同等重要位置；二是将贿赂本国公职人员的行为与贿赂外国公职人员或者国际公共组织官员的行为一视同仁；三是对于公共和私营领域的贿赂行为不实行差异对待；四是对于贿赂行为的主体，无论是自然人还是法人都一律平等。同时，该公约就行为人的主体身份的认定，采用国际上较为通行的“职务论”，最大限度将各类腐败主体纳入管辖范围。

侵吞财产类犯罪总体上分为两类，其是以行为主体为依据来进行划分的，行为主体包括公职人员和私营部门。在该类犯罪中，打击的重点在于公职人员违背受托义务的行为，至于其主观目的方面，则比较宽泛，可以是为了本人之利益，亦可是为了他人或实体之利益。此外，公约也未对哪种行为属于贪污、哪种行为属于挪用、其他方式包括哪些等进行明确规定，表明这需要缔约国对此在其国内法中进行进一步的细化。

堵截类犯罪主要包括滥用职权以及资产非法增加。由于贿赂以及侵吞财产犯罪尚不能全面覆盖所有的腐败行为，因而，该公约设置了堵截类犯罪，从行为和结果两个方面进行堵截，从而对其他腐败犯罪进行规制，以严密法网。行为堵截对应的是滥用职权，侧重于从权力滥用这一腐败行为的特质着眼，对行为主体的职权或地位便利是否被滥用进行判断；结果堵截对应的是资产非法增加，侧重于从结果的最终呈现状况反向推断权力行使主体保持职务廉洁性的表现。

关联类犯罪主要包括洗钱、窝赃、妨害司法等行为。公约认为，围绕腐败资产而衍生出来的洗钱、窝赃等犯罪，从本质上看是与腐败犯罪具有高度关联性的下游犯罪。

该公约还规定了私营部门贿赂的内容。涉及私营部门的腐败与其本身的商业或职业活动、其本身与其他企业之间的行为、其本身与国家之间的行为都可能相关。①

《联合国反腐败公约》第 16 条规定，“一、各缔约国均应当采取必要的立法和其他措施，将下述故意实施的行为规定为犯罪：直接或间接向外国公职人员或者国际公共组织官员许诺给予、提议给予或者实际给予该公职人员本人或者其他人员或实体不正当好处，以使该公职人员或者该官员在执行公务时作为或者不作为，以便获得或者保留与进行国际商务有关的商业或者其他不正当好处。二、各缔约国均应当考虑采取必要的立法和其他措施，将下述故意实施的行为规定为犯罪：外国公职人员或者国际公共组织官员直接或间接为其本人或者其他人员或实体索取或收受不正当好处，以作为其在执行公务时作为或者不作为的条件”。

此外，《联合国反腐败公约》第 15 条、第 21 条也规定了贿赂本国公职人员和私营部门内的贿赂等两种类型贿赂犯罪，较为全面地规范了国际商业贿赂犯罪的认定标准。

3.《关于打击国际商业交易中行贿外国公职人员行为的公约》关于腐败犯罪的界定

该公约只对贿赂外国公职人员罪名进行了规定。第 1.1、1.2 条对该类犯罪作了相对完善而具体的规定，尤其是对行贿类的行为进行了非常宽泛的界定，不仅包括直接实施行贿的行为，还包括间接实施的诸如参与、帮助、怂恿、煽动他人行贿的行为，甚至于没有实际实施但有企图或者阴谋行贿的行为也可构成公约所规定的贿赂外国公职人员罪。值得关注的是，公约高度重视该类行为所带来的损害，

① 李喜庆. 腐败定义与解析［J］. 青年与社会，2019（11）：213-214.

甚至把其上升到了与对本国公职人员行贿所造成的损害同等地位的高度。此外，鉴于在国际商业活动中，该类贿赂行为的实施者通常来说大部分均是相关企业，因而公约认为很有必要对实施该类犯罪的企业追究其法人的责任。责任分为刑事责任和非刑事责任。刑事责任自不待言，而对于那些严重性无须上升到追究刑事责任层面的贿赂行为，公约要求采取罚款等必要的措施以示警诫，从而保证其能够得到有效的惩戒与警示。

4.《联合国反腐败实际措施》关于腐败犯罪的界定

该措施在第一部分“刑法”中，通过列明的方式对“腐败”进行了认定，具体包括四个方面。

（1）偷窃罪。此处的“偷窃”不同于人们日常生活中理解的偷窃，甚至与刑事法律关于偷窃的含义有所区别，特指采取挪用、侵占等方式盗窃国家财产。该措施对于偷窃的内涵作了相对宽泛的界定，私自占用公职人员的时间和劳动、私自使用政府设施和设备也被认定为腐败行为，需要加以惩治。

（2）滥用职权。该项有几个要点需要关注。其一，其行为指向“不正当使用公职地位”；其二，行为之结果体现为“转移某一利益”；其三，对行为的形态作了最大限度的规定，不但包括已然得逞的行为，也包括相关请求已然提出但未得逞的行为，还包括正在计划、谋划中的行为，甚至连试图进行的行为也被纳入其中，并被认定为构成犯罪。同时，措施还认为，只要实施了措施所明确的行为，一律需要给予惩治，不管是哪一方采取主动行为实施转让或馈赠，也不管有关贿赂是源于对象的主动行贿抑或公职人员的主动索取。

（3）利益冲突。这主要规范的是公职与私利之间的关系。公职人员过于关注于个体的私利时，就很有可能因一己私利而损害到公利，措施认为此类行为应当得到惩治。此外，公职人员与企业之间的合作关系也有可能会与公共利益产生冲突，应当尤其关注。对该类行为进行惩治的衡量标准应当是“公职行为的纯洁度和透明度”,[①] 也即公职人员不应当被允许处置任何涉及其私利之事宜。

（4）不按规定公布财产。实践中腐败分子很少会积极主动坦白其腐败行为，更多的是极力否认、负隅顽抗。因此，如果由法律规定官员必须定期向公众公开自己的财务情况，就是一个比较有效的惩治腐败的方式。诚如措施所指出的那样，如果有关机关明明知道其具有贪污舞弊等行为，并通过这些行为获取了相应的收益，却无法取得充分扎实的证据，在这种情况下，可以将此前该公职人员的财产公布情况作为起诉的根据。

5.《美洲国家间反腐败公约》关于腐败犯罪的界定

《美洲国家间反腐败公约》（简称《美洲反腐败公约》）是由美洲国家组织制定的，全球首个区域性的多边反腐败公约，在世界范围内惩治腐败的发展进程中具有相当重要的意义。总体上，《美洲反腐败公约》对于需要打击的腐败犯罪的范围作了比较明确的界定，具体体现在规定了“执行公务中的腐败行为”“与执行公务有特定关联的腐败行为”，同时强调要认真关注腐败与“非法贩毒收益之间日益增强的联系”。[②]

公约主要对三类腐败犯罪进行了界定，包括腐败行为、跨国贿赂和财产非法增加。其中，比较具有代表性的是第 6 条关于腐败行为的规定，其内涵相对比较丰富，涉及多种类型，涵盖了公职人员受（索）贿，向公职人员行贿，公职人员执行公务非法牟利，欺骗性使用或者隐瞒行贿、受贿或者执行公务中非法获得财产。可以看出，《美洲反腐败公约》不单单将通常认知中的行贿、受贿等行为纳入腐败犯罪范畴，还将欺骗性使用或者隐瞒有关非法所得也规定为腐败

---

① 李翔. 国际反腐败公约与国内法协调问题研究［M］. 北京：中国人民大学出版社，2010：5.

② 赵秉志.《联合国反腐败公约》暨相关重要文献资料［M］. 北京：中国人民公安大学出版社，2004：272-279.

犯罪。这种规定从某种意义上来说扩大了惩治腐败的刑事法网，势必能对犯罪人员起到强烈的威慑作用。然而，结合《联合国反腐败公约》等其他公约来看，该公约对腐败犯罪的规定仍然存在一定的缺陷与不完善之处，例如，并未将洗钱、商业贿赂等与腐败犯罪关系紧密的犯罪纳入腐败犯罪的规制之中，从而缩小了惩治范围。

此外，在《美洲反腐败公约》对于腐败犯罪的相关规定中，尤其值得关注的是关于腐败犯罪性质的界定。依据其第 17 条之规定，为了实现该公约中关于引渡、协助与合作、腐败资产处置、银行保密等相关规定的目的，如果腐败资产被用作政治目的，或者腐败分子的腐败行为被声称是出于政治目的或者政治动机，则其本身不能够将腐败分子的腐败行为定为政治犯罪或者与政治有关的普通犯罪。该条规定在其他国际性或区域性公约中比较少见且特别，对于反腐败国际追赃有着特殊而重要的意义。在反腐败国际追赃的证明规则中，腐败犯罪的非政治性是重要的证明对象之一。依据该规定，就可以有效破除“政治犯罪例外”这一国际法规对于反腐败国际追赃的负面影响和掣肘，从而让国家与国家之间追赃的国际合作与协助更加顺畅地开展。

6.《欧洲委员会反腐败刑法公约》关于腐败犯罪的界定

欧洲委员会制定的《欧洲委员会反腐败刑法公约》（简称《刑法公约》）是欧洲地区在反腐败领域最为全面且完善的区域性公约。[①]

首先，《刑法公约》用十个条文对贿赂犯罪进行了全面的认定。从主体来看，涉及面非常广，多达八个方面，大致可以分为四大类。第一类是国内主体，第二类是国外主体，第三类是国际主体，第四类是私营部门工作人员。相较于《美洲反腐败公约》而言，《刑法公约》还额外对商业贿赂犯罪进行了规定，且将与缔约国有关的国际

① 赵秉志.《联合国反腐败公约》暨相关重要文献资料［M］. 北京：中国人民公安大学出版社，2004：193-204.

主体也一并列入犯罪范畴。该项规定对于有效增强治理跨国贿赂行为的能力具有不可忽视的深远意义。此外，《刑法公约》还对影响力交易作出规定，这与《联合国反腐败公约》的规定类似。

其次，最大限度地扩展腐败犯罪之范围。对于洗钱犯罪，《刑法公约》规定，只要腐败分子实施了贿赂犯罪且将腐败资产进行洗钱的，应当将该洗钱行为确定为犯罪。但是，该条规定有一个前置条件，即缔约国没有提出保留。此外，该公约还将为了实施、隐瞒或者掩饰贿赂犯罪而实施的财务犯罪纳入规制范围。此两条的规定，与《联合国反腐败公约》有异曲同工之处，都是为了更加有效地对腐败犯罪进行全方位、无死角的打击。

最后，对法人的法律责任予以明确。这是《刑法公约》的一个亮点。该规定与《关于打击国际商业交易中行贿外国公职人员行为的公约》的有关规定有类似之处，也包括刑事与非刑事责任。

（三）腐败状况的评价工具

近年来，一些国际组织建立了不同的腐败评价指标体系来对各国的腐败状况进行比较。其结果也逐渐得到了国际学术界的认可，并越来越多地被用来作为评价一些国家腐败状况的重要依据。主要有透明国际（TI）的清廉指数（Corruption Perceptions Index，CPI）和行贿指数（Bribe Payers Index，BPI）、世界银行的腐败控制指数（Control of Corruption Index，CCI）、世界经济论坛的全球竞争力报告（Global Competitiveness Report，GCR）、瑞士洛桑国际管理发展学院（IMD）的世界竞争力年鉴（World Competitiveness Yearbook，WCY）。[①]

透明国际的清廉指数综合了大量的调查报告，目前已经广泛地

---

① 胡鞍钢，过勇. 国际组织对各国腐败状况的评价体系概述［J］. 政治学研究，2001（4）：89-91.

用于学术研究，并逐渐为各国所接受。而它的行贿指数则是从另一个角度考查了一个国家（主要是世界主要出口国）出口企业在国外的行贿意愿。前者是各国依其公职人员贪污受贿程度的排名，后者是行贿国家的排名。

世界银行的腐败控制指数将腐败放在了一个更高层次的框架——治理之中，它将腐败视为评价一个国家治理水平的重要组成部分，并非常关注治理。

全球竞争力报告和世界竞争力年鉴从对一国国际竞争力影响的角度评价了各国的腐败状况，它们主要反映了跨国企业的高级经理和国际咨询机构专家的观点。

这五类指标各有特点，既相互独立、相互区别，同时又在概念和方法上有一定的相互补充和相互包含。全球竞争力报告和世界竞争力年鉴都是透明国际的清廉指数和世界银行的腐败控制指数的重要数据来源。①

通过这些腐败评价工具，我们可以对各国的腐败状况及特点有一个较为清晰的认识，从而帮助我们预防与控制腐败。

二、全球化背景下国际组织参与反腐败国际合作的动因与深化反腐败合作的路径

在全球化背景下，腐败已经成为阻碍各个国家经济发展的世界性问题，无论是发达国家还是发展中国家都无法置身事外。以 G20 峰会为例，最初仅举行财长和央行行长会议，自 2008 年国际金融危机爆发后会议机制升级为领导人峰会，历届 G20 峰会都对反腐问题有所涉及和关注。2010 年首尔峰会推出反腐败行动计划“九点方案”

① 胡鞍钢，过勇. 国际组织对各国腐败状况的评价体系概述［J］. 政治学研究，2001（4）：89-91.

来预防和消除腐败；2016年杭州峰会核准了《二十国集团反腐败追逃追赃最高原则》，并决定在中国设立G20反腐败追逃追赃研究中心。可以看出，反腐败问题已经成为一个全球治理问题，已经有越来越多的国家参与到反腐败国际合作中来。①

（一）全球化背景下国际组织参与反腐败国际合作的动因

第二次世界大战之后，国际组织在全球公共问题的治理上发挥着日益重要的作用。其原因，有学者说得比较清楚："国家以传统的缔约方式实现国际合作的时候，不可能规划设计出在合作中的所有细节去应对合作过程中的所有变故，这就难免会增加国家的缔约成本，而国家如果在一些问题上将权力赋予国际组织来协调解决方案，通过国际组织行使立法、执法以及监督等权能，这不但能够实现国际合作，而且还能够在相当大的程度上降低国际合作成本。"②

从20世纪90年代开始，越来越多的全球性和区域性反腐败公约相继出台，比较有代表性的有《联合国反腐败公约》《关于打击国际商业交易中行贿外国公职人员行为的公约》《美洲反腐败公约》《欧洲委员会反腐败民法公约》《欧洲委员会反腐败刑法公约》等。这些国际公约的出台和国际组织的建立，在很大程度上强化和丰富了传统的反腐败国际合作方式，为反腐败国际合作机制的建立提供了可能。

随着腐败分子的外逃和腐败资本外流情况的增多，国家在国际反腐败领域加强合作对于解决国内腐败问题具有现实的必要性和迫切性。在《联合国反腐败公约》等反腐败国际法律体系下，通过签

① 张丽华，王博文. 全球化背景下反腐败国际合作分析［J］. 学习与探索，2018（4）：57-63.

② 张雪. 论国际组织中的国际授权［D］. 长春：吉林大学，2016.

订双边或者多边协议等合作方式可以有效地破除条约前置原则以及政治犯不引渡原则等，减少国家在处理腐败问题上的成本和风险。[①]

此外，全球性和区域性的国际反腐败公约的订立以及国际组织的不断出现，丰富了国际反腐败合作和立法的内容，这反过来为全球经济与社会发展提供了坚实的基础。

（二）全球化背景下国际组织深化反腐败国际合作的路径

反腐败国际合作需要各参与者对合作有高度的认同感，并在行动上趋向一致，具体需要从以下方面着手。

第一，需要尽可能地扩大共识，制定反腐败合作领域中的共同原则与规范。

第二，需要尽可能地挖掘反腐败合作领域中的共同利益，减少分歧。在当前的国际社会中，国际合作的模式主要有两种：一种是通过地区或全球范围内具有绝对实力优势的强国主导并分配各方利益的模式；另一种则是基于国家和国际现实需求，各方相互协调利益分配的自发性模式。因此，在反腐败国际合作领域，除了共同应对越来越国际化的腐败问题、达到维护国内稳定经济秩序的目标外，各个合作方还应通过发掘更多的共同利益来实现合作的深化。[②]

第三，尽可能地设置反腐败国际合作的议题，举办反腐败国际合作的会议、论坛，发布国际组织的宣言、倡议、决议，影响与推进反腐败国际立法。

① 张丽华，王博文．全球化背景下反腐败国际合作分析［J］．学习与探索，2018（4）：57-63.

② 张丽华，王博文．全球化背景下反腐败国际合作分析［J］．学习与探索，2018（4）：57-63.

三、国际组织反腐败立法的原理及其理论概述

（一）政府间国际组织反腐败立法原理及其理论

按照政府间国际组织的成员所在地域的差异，可以从全球和区域两个层面对其进行划分，分为全球性政府间国际组织和区域性政府间国际组织。前者的成员国不受地域所限，由全世界不同的国家组成，其活动范围也不受地域所限；后者则由某一区域的国家根据地域或者意识形态而组成，活动范围也往往限于该区域内。[①]

政府间国际组织在全球层面和地区层面制定了一系列腐败治理的全球性法律规范和区域性法律规范。

1. 全球性反腐败多边法律规范

（1）《联合国反腐败公约》。

（2）政府间国际组织的约章。政府间国际组织的约章，又称为基本文件（basic instrument）、组织法（constitution）、组织约章（constitutive regulation）、组成条约（constituent treaty），是组织的成员国（或其政府）之间缔结的协议，用以规定组织的成立、活动、职能和宗旨等基本事项。[②] 这种约章作为国家间的一种多边条约，具有广泛的约束力。

一些政府间国际组织在约章中直接或间接地规定了反腐败合作的相关规则。

（3）联合国大会决议。除了公约、条约、协定等国际强行法，政府间国际组织制定的反腐败文件中还有一些对成员国不具有强制

① 邵沙平．国际法［M］．北京：中国人民大学出版社，2010：323.

② 邵沙平．国际法［M］．北京：中国人民大学出版社，2010：324.

约束力的宣言、决议、指南、决定等。但是它们对于反腐败合作具有重要的指导意义和道德约束力。其中，联合国大会决议最为典型。对于国际组织决议，其效力根据同样是各国的协调意志，只不过这种协调意志体现在建立国际组织的约章中。由于各种国际组织建立约章的规定不同，国际组织决议的法律效力也不能一概而论。①

具体到联合国大会决议，根据《联合国宪章》第12条与第14条的相关规定，联合国大会所通过的决议只是建议。由此看出，《联合国宪章》作为联合国的建立约章对大会的职权作出了明确规定：联合国大会没有立法权，其决议只具有建议性质，没有法律拘束力。当然，这并不是说联合国大会的决议毫无法律意义和效果。其决议一方面促进了国际习惯法规则的形成；另一方面也促使成员国在一个国际问题上达成共识，从而为签订普遍适用的公约创造条件。

2. 区域性反腐败国际法律规范

近几十年，区域及次区域的国际组织在制定反腐败措施和行动规范以促进成员间反腐败合作方面取得了长足的发展，一定程度上为本区域反腐败合作的开展提供了法律依据和便利。

在亚太地区，有《亚太地区反腐败行动计划》。

在欧洲地区，有《欧洲委员会反腐败刑法公约》《欧洲委员会反腐败民法公约》《欧洲委员会建立反腐败国家集团公约》《欧洲委员会反腐败刑法公约的解释性报告》《波罗的海国家反腐败决议》《欧洲理事会打击贪污腐败20项指导原则》《欧洲联盟反腐败公约》《欧洲议会反腐败决议》。

在非洲地区，有《非洲发展共同体反腐败议定书》《非洲联盟预防和打击腐败公约》《西非经济共同体打击腐败议定书》《援助非洲全球联盟非洲国家反腐败原则》等。

---

① 宫惠杰. 国际组织跨境救灾立法问题研究［D］. 威海：山东大学，2015.

（二）非政府间国际组织反腐败立法原理及其理论

在反腐败这件事上，任何国家都不能置身事外，反腐败迫切需要国家和国际组织的相互合作。

而这些合作机制除了有国家和政府间国际组织建立的正式机制外，还包含一些非政府国际组织建立的非正式机制，这些非正式机制下产生的文件并不具有强制约束力，故往往被国际法学者称为“国际软法”或“软法性规范”。

国际软法天生不具有法律意义上的约束力，缺乏迫使国家遵守的强制力，其执行力或者约束力来源于内在理性以及主权国家的善治追求。国际软法在实践中具有的某种效力或效果，主要依靠不具有强制性的软约束力来保障达到，它可能是因理性及利益导向所产生的约束力，也可能是体现在国际道德上的约束力。

如在国际反腐败领域，非政府国际组织制定的“法律文件”中有许多关于反腐败及反腐败合作的直接规定，甚至有专门针对跨境反腐中的问题制定的规范性文件。但是，它们无法律约束力，只能靠成员国的善意执行。

1. 非政府间国际组织反腐败立法的特殊性

非政府间国际组织大多是依据一国国内法建立起来的。因此，非政府间国际组织的活动受特定国家的国内法支配。从法律上讲，它们的地位与依据一国国内法建立的其他组织并无区别。① 在国际交往中非政府间国际组织往往处于附属地位，需要争取国家和政府间国际组织的认可。因此，非政府国际组织的法律地位主要体现在其与政府间国际组织的关系上。②

① 邵沙平. 国际法［M］. 北京：中国人民大学出版杜，2010：364.
② 宫惠杰. 国际组织跨境救灾立法问题研究［D］. 威海：山东大学，2015.

绝大多数非政府间国际组织只能为联合国的某些决策或行动提供建议与帮助，采纳与否的决定权在联合国，因错误建议而导致的错误行动的责任也由联合国承担，非政府间国际组织只在国际组织系统内部享有某些政府间国际组织授予的、有限的“建言献策”的权利，而对外根本不享有国际法上的权利，也不承担国际法上的义务。①

因此，虽然一部分非政府间国际组织在全球和地区层面获得了政府间国际组织不同程度的认可，一定意义上能够影响国际事务决策和国际立法的进程，从而参与国际法律的制定，但是，至今国际社会也不存在任何国际条约对非政府间国际组织作出正式的法律定位，对此也没有形成国际习惯。非政府间国际组织不具有国际法律人格，更不是国际法主体。这种法律人格的缺陷导致非政府间国际组织在立法过程中屡屡碰壁。②

按照全球法律多元主义理论，政府间国际组织制定的那些没有法律拘束力的规范文件以及非政府间国际组织制定的、能够产生一定法律效果的规范文件都属于国际软法。其中，非政府间国际组织的立法又有明显的自身特性。在反腐败立法领域，一些非政府间国际组织的集体作用已经在联合国决议和其他文件中反复得到承认。不过它们的使命是由它们的会员资格赋予的，并不像政府间国际组织那样得到单个国家的认可。因此，仅由其成员制定而没有获得相关国家和国际组织签署或批准的组织立法不具有国际法上的约束力，在实践中往往依靠本组织成员的自觉实施。虽然这些文件不产生国际法上的权利和义务，但是它们在反腐败合作领域发挥的作用却是显而易见的。它们中的一些已经被政府间国际组织或国家认可，转换成了有拘束力的法律文件；另一些则在规范非政府间组织方面发挥了填

① 宫惠杰. 国际组织跨境救灾立法问题研究［D］. 威海：山东大学，2015.

② 宫惠杰. 国际组织跨境救灾立法问题研究［D］. 威海：山东大学，2015.

补正式反腐败法律规范空白的重要作用。[①]

在反腐败领域，非政府间国际组织在数量上越来越多，重要性也越来越强。它们制定了一系列关于调整行动的标准、指南、行动守则和示范法，其中不乏成熟的规范性文件。

尽管非政府间国际组织制定的这些文件基本上都是内部规范性文件，并不具有国际法上的强制拘束力，但是它们对于反腐败立法的形成却是至关重要的。[②]

2. 非政府间国际组织反腐败立法存在的问题

非政府间国际组织被誉为“比联合国更有准备、更有资金实力、更有知识的组织”，甚至有时候它们具有传统的联合国功能，如促进后勤保障的能力。[③] 但因为非政府间国际组织自身及其他的一些原因，导致其在反腐败合作中经常出现不协调和混乱的现象，其立法也暴露出诸多问题，最突出的问题是法律文件效力不足，执行难以保障。非政府间国际组织制定的软法文件的性质决定了其效力的欠缺。因为它们制定的规范文件不具有国际法的强制力，不能为其成员设定国际法上的权利和义务，其实施往往也只能依靠本组织成员的自觉。[④]

在反腐败领域，大大小小的非政府国际组织都制定了腐败治理的法律规范，其中只有极少数在该领域有卓越成就的组织制定的规范文件能够得到国家或联合国及其他政府间国际组织的重视，大部分组织制定的文件的影响力都限于本组织内，而且这种规范也大都是缺乏问责性的，即使在组织内部也难以得到有效执行。至于那些影响力不大的非政府间国际组织所制定的文件更是形同虚设，这种效

---

① 宫惠杰. 国际组织跨境救灾立法问题研究［D］. 威海：山东大学，2015.

② 宫惠杰. 国际组织跨境救灾立法问题研究［D］. 威海：山东大学，2015.

③ John Telford，John Cosgave，Rachel Houghton. Joint Evaluation of the International Response to the Indian Ocean Tsunami：Synthesis Report［R］. 2006：58.

④ 宫惠杰. 国际组织跨境救灾立法问题研究［D］. 威海：山东大学，2015.

力上的不足无疑是其巨大的弱点。[①]

3. 非政府间国际组织立法的出路

非政府间国际组织由于不受国家利益的束缚，加之更加重视自身的专业性培训，因而得到了更多的民意支持。其权威文件对于反腐败是非常实用的。一些成熟的立法未来很有可能被政府间国际组织和国家认可而正式化，上升为法律或公约。

① 宫惠杰. 国际组织跨境救灾立法问题研究［D］. 威海：山东大学，2015.

第二编　实践编（上）

第三章　联合国系统反腐败立法研究

一、联合国反腐败立法历史演进

联合国自1945年成立以来，一直将贪污腐败问题作为关注的重点。联合国的一些专门机构很重视国际社会的腐败问题，并发表了一些反腐败言论，还召开了一些涉及反腐败内容的会议。

20世纪70年代以后，联合国的一些规范性文件中已含有反腐败内容，如：1974年12月12日，联合国大会通过的《各国经济权利和义务宪章》要求各国从法律上规范跨国公司在海外的经营活动。

1975年12月15日，联合国大会通过3514号决议，谴责了包括行贿在内的各种腐败行为。该决议强调国家有权在其管辖范围内对跨国公司采取恰当的法律行动，跨国公司不应以违反东道国法律和行政法规的方式运行，号召各国之间的信息交换，鼓励本国政府与东道国政府合作预防贿赂，等等。这是国际社会第一次明确提出打击跨国商业交易中的腐败行为，反映了发展中国家对建立国际经济新秩序的需求。在此之后，联合国经济及社会理事会（ECOSOC）就如何解决跨国公司海外非法支付行为问题建立了一个专门研究小组。

1978年，该研究小组起草了《在国际商业交易中预防和消灭非法支付》的国际协议，但该协议却引发了大辩论：发展中国家认为应当对“非法支付”的概念进行广义理解，在范围上应包括对南非种族隔离地区的支付行为；美国之外的其他发达国家则认为，该协议草案是美国拓展其单边政策的体现。[①] 联合国在 1981 年终止了对该协议草案的讨论。

1979 年 5 月 25 日，联合国经济及社会理事会通过的《关于非法支付的国际协定》要求各国对国际商业往来中的腐败行为进行犯罪化规制，确立了对该行为给予引渡的原则。

1979 年，第 34 届联合国大会通过了《联合国执法人员行为守则》。

1983 年 5 月 21 日，联合国颁布的《跨国公司行动守则（草案）》成为预防、惩治商业贿赂的重要国际法律文件。

1989 年 5 月 24 日，联合国《〈联合国执法人员行为守则〉的有效执行准则》获通过。

1990 年 8 月，在哈瓦那召开的第 8 届联合国预防犯罪和罪犯待遇大会审议和通过了联合国社会发展和人道主义事务中心预防犯罪和刑事司法处起草的《联合国反腐败实际措施》。它是一个关于反贪污腐败可采用的可能措施、行动方针和制定反腐败方案的程序等问题的国际性法律文件。

1995 年，第 9 届联合国预防犯罪和罪犯待遇大会向成员国推荐了一系列预防腐败措施。

1996 年，第 51 届联合国大会通过了《联合国公职人员国际行为守则》，它是世界上第一部要求公职人员廉洁奉公和廉洁自律的国际守则。该守则主要规定了防止公职人员利益冲突原则和回避制度，[②] 还对财产公开制度作了明确规定；并促请各成员国考虑腐败行径在国际方面造成的影响，特别是在公司实体所进行的国际经济活动方

① Mark Pieth. International cooperation to combat corruption [M] //Kimberly Ann Elliott. Corruption and the Global Economy. Washington DC: Institute for International Economics, 1997.

② 《联合国公职人员国际行为守则》第二项第 4 条规定：公职人员不得利用职务之便不正当地为本人或其家庭成员谋取个人利益或经济利益，公职人员不得进行与其公务、职能和职责或履行这些职责不相符合的任何交易、取得任何职位或职能或在其中拥有任何经济、商业或其他类似的利益。

面，要制定适当的立法和管制措施。

1996 年，联合国通过了《联合国反对国际商业交易中的贪污贿赂行为宣言》，要求各成员国对贿赂外国政府官员的行为进行犯罪化规制，否定对成员国的私人或公共企业或个人付给他国官员的贿赂进行税收减免的做法；并强调各国应在刑事调查和采取其他法律程序方面相互合作。

1996 年联合国大会通过了第 51/59 号决议《反腐败的行动》。随后，联合国又制定了《联合国全球反腐败行动计划》。这是世界上第一部在全球范围内调查研究腐败的成因、推广有效的预防腐败措施和经验、评估国家和国际层面的反腐败机制和提供地区、国家和国际一级的技术合作的行动计划。这在当时具有划时代的意义。

1997 年 1 月，联合国大会通过了《采取反腐败行动决议》。

1997 年 12 月，联合国大会通过了《国际合作打击国际商业交易中的贪污贿赂行为》的决议。

1998 年 2 月，联合国大会通过了《关于国际合作打击国际商业往来中的贪污贿赂行为的决议》，要求各成员国对本国贿赂外国政府官员的行为实施刑事制裁；对某些成员国企业或个人向外国官员行贿进行税收减免的做法遭到了否决，为各国打击腐败犯罪提供了指导。

1999 年 2 月，首届全球反腐倡廉论坛会议在美国首都华盛顿举行，会议产生的《司法和安全官员反腐倡廉指导原则》是国际合作的成果之一。

进入 21 世纪，各国防范和打击腐败犯罪的愿望和决心趋于一致，在此前提下，联合国对腐败的打击由发布局限于国际商业领域的反腐败宣言、决议向订立全面反腐败的公约转变。

2000 年 11 月 15 日，第 55 届联合国大会通过了《联合国打击跨国有组织犯罪公约》。该公约虽非专门的反腐败全球性法律文件，但在公约内容中首次以全球性法律文件的形式明确了行贿、受贿是各国均应打击的刑事犯罪，并界定了行贿、受贿罪的全球性概念。它也是第一个将贿赂犯罪（即腐败罪）确定为国际犯罪的公约，公约要求缔约国以立法等形式打击跨国有组织犯罪、腐败犯罪、洗钱犯罪和其他腐败犯罪活动，并且在管辖、侦查、起诉、审判等诉讼程序和国际合作中都作出相关规定。

2000 年 12 月，联合国大会通过了第 55/61 号决议《一项有效的反贪污国际法律文件》，决议认为有必要在《联合国打击跨国有组织犯罪公约》之外建立一个有效的国际反腐机构，决定设立一个特设委员会负责起草国际协议文书。

2000 年，联合国大会通过了第 55/188 号决议《防止和打击贪污行为及非法转移资金并将这些资金返回来源国》。

2000 年，第十届联合国预防犯罪和罪犯待遇大会通过了《关于犯罪与司法：迎接二十一世纪的挑战的维也纳宣言》。

2001 年 5 月，联合国经济及社会理事会下设的预防犯罪和刑事司法委员会召开了第十届会议，对包括《关于打击国际商业交易中行贿外国公职人员行为的公约》《欧洲委员会反腐败民法公约》以及《美洲反腐败公约》在内的国际反腐协议和法律文书进行了系统比较，认为上述公约都存在适用地区或适用对象狭隘的问题，而《联合国打击跨国有组织犯罪公约》也不能充分反映许多国家的特殊问题，因而有必要建立全球级别的反腐机制并作出相关规定。

2002 年，联合国大会通过了第 56/260 号决议《反贪污国际法律文书谈判范围》。

在充分征集各国意见及协商的基础上，自 2002 年 2 月至 2003 年 10 月，《联合国反腐败公约》的谈判工作在经历了 7 次会议之后，最终完成了。2003 年 10 月 31 日，第 58 届联合国大会审议并通过了第 57/169 号决议《联合国反腐败公约》。该公约作为联合国历史上通过的第一个用于指导国际反腐败合作的法律文件，在预防腐败、界定腐败犯罪、反腐败国际合作、非法资产追缴等方面进行了明确的规定，对促进反腐败国际合作具有重要指导意义。

2021年6月，在纽约联合国总部举行了“预防和打击腐败的挑战和举措，加强国际合作”联合国大会特别会议，这是联合国成立以来首次举办的反腐败问题特别会议。这充分体现了国际社会对打击腐败工作的关注和重视。

在上述立法的共同指导下，各国建立健全了反腐败立法体系。

二、联合国的主要反腐败机构①

（一）联合国毒品和犯罪问题办公室

联合国毒品和犯罪问题办公室（UNODC，简称“联合国毒罪办”）建立于1997年，由联合国药物管制规划署和国际预防犯罪中心合并而成，领导全世界打击非法药物犯罪。联合国毒品和犯罪问题办公室通过其广泛的外地办事处网络，在世界各地开展工作。其90%的预算资金来自自愿捐款，其中大部分来自各国政府。在反腐败措施方面，联合国毒品和犯罪问题办公室与公共部门、私营部门、民间社会团体一道，减轻并消除腐败个人对政府、国家边境及贸易渠道的控制。近年来，其加强了措施，以帮助各国政府追回腐败官员贪污的财产。②

2003年，《联合国反腐败公约》出台后，联合国毒品和犯罪问题办公室成为公约的秘书处，负责联合国反腐败工作。联合国毒品和犯罪问题办公室采取了一系列措施打击腐败和经济犯罪，推出了一个

① 李嘉凤. 国际及主要国家反腐败机构与措施简介［J］. 国际资料信息，2004（8）：25-34.

② 联合国毒品和犯罪问题办公室［EB/OL］.［2023-06-20］https：//www. un. org/zh/aboutun/structure/unodc/.

被称为“反腐败知识工具和资源库”的反腐败门户网站。在“打击腐败、经济欺诈和与身份有关犯罪行动”的主题方案中，联合国毒罪办通过提供实际援助和完善有效反腐败政策与机构所需的技术能力建设，帮助各国有效执行《联合国反腐败公约》条款。为了预防和打击腐败、经济欺诈和与身份有关的犯罪，联合国毒品和犯罪问题办公室开发了一些工具，出版了手册和其他出版物。此外，它还采取了一系列措施应对法官腐败。联合国毒品和犯罪问题办公室外地办事处，各国政府、非政府组织和其他民间社会组织共同印发加强公众意识的材料，以用于全球范围内的反腐败活动，同时也与私营部门开展相关合作。联合国毒品和犯罪问题办公室一直积极开发新工具，协助成员国完善法律、体制和增强业务能力，以惩治成员国国内的经济欺诈和与身份有关犯罪，并有效率地参与打击这些犯罪的国际合作。①

（二）联合国开发计划署

联合国开发计划署（United Nations Development Programme，UNDP）成立于1965年，是联合国系统最大的多边无偿援助机构。其前身为1949年设立的“技术援助扩大方案”和1958年设立的“联合国特别基金”。其宗旨是向发展中国家和地区提供资金和技术援助，以促进其以人为中心的经济和社会可持续发展。组织机构：①执行局：领导机构，由36个成员组成，其中亚洲7个，非洲8个，东欧4个，拉美5个，西欧和其他地区12个。执行局成员由经社理事会按地区分配原则和主要捐助国、受援国代表性原则选举产生，任期3年。②秘书处：在署长领导下处理日常事务，在177个国家和地区设有常驻代表处。主要活动：联合国开发计划署是联合国发展业务系统的中央筹资机构和中心协调组织，主要提供无偿援助，包括提供专家，

① 联合国与反腐败［EB/OL］.［2023-06-20］. https://www. un. org/zh/issues/anti-corruption/measures. shtml.

资助国内外培训、考察及购买有限的硬件。联合国开发计划署执行局每年举行两次常会和一次年会，会议主要审议署长年度工作报告、财务预算和行政事项、联合国项目服务厅以及南南合作，并核准国别方案等。

反腐败是联合国开发计划署民主治理工作重点关注的领域之一。联合国开发计划署通过《反腐败提高发展成效全球专题方案》、区域方案和国家层面的方案，向大约 103 个国家提供技术支持，成为反腐败技术支持的主要提供者。联合国开发计划署也是传播反腐败知识的全球领导者。联合国开发计划署与其他反腐败机构建立了密切的伙伴关系。此外，联合国开发计划署还通过多个措施减轻了腐败对发展的危害。联合国开发计划署在反腐败方面开展工作的方式有支持落实《联合国反腐败公约》并审查落实情况；减少腐败，实现千年发展目标；应对气候变化中的腐败风险以及宣传反腐败知识并增强反腐意识。①

联合国开发计划署管理发展与治理部自成立以来具体负责贯彻执行联合国开发计划署的反腐败理念，其主要任务：一是推动不同利益主体间的对话与合作，就国际社会关心的问题举办论坛，促进交流，如 1998 年联合国开发计划署和荷兰联合发起的以“政府腐败”为主题的国际研讨班。二是协助各国制定和完善反腐败政策，增强各国的反腐败能力。三是在全球、各地区、各国家等各层面上加强反腐败合作。如联合国开发计划署于 1998 年在泰国曼谷设立“诚信治理地区工作组”，以增强亚洲地区国家高层决策者、媒体和公众的反腐败意识为工作目标。为维护社会安全与社会信誉，该工作组努力宣传世界各国反腐败活动的实践经验。②

---

① 联合国与反腐败［EB/OL］.［2023-06-20］. https：//www. un. org/zh/issues/anti-corruption/measures. shtml.

② 李嘉凤. 国际及主要国家反腐败机构与措施简介［J］. 国际资料信息，2004（8）：25-34.

（三）联合国内部监督事务厅

1994 年，联合国成立了专门负责反贪的内部监督事务厅。

联合国内部监督事务厅（United Nations Office of Internal Oversight Services，OIOS），是联合国秘书处的内部监督机构，通过提供内部审计、调查、检查和评价服务，协助秘书长履行其对资源和工作人员的监督职责。联合国内部监督事务厅的任务来自大会有关决议和决定，包括授权成立的 1994 年 7 月 29 日第 48/218 B 号决议。联合国内部监督事务厅在秘书长的授权下，在履行职责方面享有业务独立性，并根据《联合国宪章》第九十七条，有权启动、开展和报告该厅认为履行职责所必需的任何行动。联合国内部监督事务厅希望建立强大和负责的联合国，由世界一流的内部监督加以支撑。联合国内部监督事务厅的任务是提供具有影响力的客观监督结果。①

联合国内部监督事务厅下设审计和管理顾问处、中央评估处、中央监察处和调查处。联合国内部监督事务厅的工作重点是监督雇员的行为，调查违章违纪案件，监测、评估联合国项目执行情况。对案件所涉及的个人，直接或通过负责人力资源的助理秘书长向秘书长或纪律委员会提出处罚意见。纪律处分事项有书面警告、降级、停止加薪、暂停职务、罚款、降职和开除等，触犯刑法者将移交有关司法部门予以起诉。联合国内部监督事务厅自成立以来，已查处了上百件贪污舞弊案、诈骗案、挪用公款案。②

① 内部监督事务厅［EB/OL］.［2023-06-20］. https：//oios. un. org/zh.

② 李嘉凤. 国际及主要国家反腐败机构与措施简介［J］. 国际资料信息，2004（8）：25-34.

（四）联合国国际贸易法委员会

20世纪60年代，随着世界贸易的急速发展，国际社会开始意识到，需要有一个专门机构与一套全球的贸易标准和规则，以协调国家和地区的相关贸易法规。1966年12月17日，联合国大会通过第2205号决议，设立了联合国国际贸易法委员会（UNCITRAL），委员会旨在拟订并促进使用和采纳一些重要商法领域的立法和非立法文书，履行促进国际贸易法逐步统一和现代化的任务，从而在建立该框架方面发挥重要作用，总部设在维也纳。

国际贸易法委员会的工作分三个层次安排和进行。第一层是国际贸易法委员会本身，委员会通过年度全体会议开展工作。第二层是各政府间工作组，各工作组负责就国际贸易法委员会工作方案中各项专题开展工作。第三层是秘书处，秘书处帮助委员会和各工作组筹备和开展各自的工作。

反腐败是国际社会的共识，也是国际贸易规则发展的客观需要。联合国国际贸易法委员会在提高政府采购和投标透明度、预防跨境腐败等方面，进行了一系列卓有成效的制度建设。

1994年，为规范各国政府的采购行为，联合国国际贸易法委员会制定了《货物、工程和服务采购示范法》。① 该法共有6章57条，第一章（1~16条）为一般规定，第二章（18~22条）为采购方法与适用条件，第三章（23~36条）为招标程序，第四章（37~45条）为服务采购的重要方法，第五章（52~57条）为采购审查。

该法对采购规则的设计十分严密。如第三章用14条的篇幅规定了招标程序的基本环节，已成为全世界采购招标程序设计的规范和准则；又如该法第5、6、8、11、12、27、30、34、36条等都有确保

① 韦绍福. 国际组织反腐败概论［J］. 经济与社会发展，2003（11）：93-98.

透明度、公开公平竞争的内容。

（五）其他反腐败机构与项目

世界银行集团采取的金融市场诚信计划是世行治理与反腐败议程的一部分，为所服务的国家和世行工作人员提供可提升透明度和追踪赃款的工具。金融市场诚信计划引入了追踪资金流向的工具，且将其作为打击腐败犯罪并最终建立一个透明和包容的金融体系的补充工具。①

联合国公共行政和发展管理司（简称“公发司”）支持设立国际标准，实行政策的比较研究与分析，并且协助保障公共部门道德操守、透明度和问责制的各机构进行能力建设。公发司欲开展的活动建立于对腐败问题的分析。公发司还建立“道德设施”，提供品行端正指导以及从行政法律方面惩处失当行为，公发司的活动旨在维持其“诚实”官员的廉政。②

“追回被盗资产倡议”是世行与联合国毒品和犯罪问题办公室的合作项目，目的是支持国际社会消除腐败资金的庇护所。“追回被盗资产倡议”与各发展中国家和金融中心联手预防腐败钱财的洗钱活动，为更系统和及时地退还被盗资产提供便利。“追回被盗资产倡议”工作的开展得益于以下四大支柱：授权、合作伙伴关系、创新和国际标准。其目标包括提供培训和能力建设方面的支持，提供政策分析并储备知识资源，协助各国追回被盗资产。③

联合国全球契约是联合国鼓励世界各地的企业采取可持续和对

① 联合国与反腐败［EB/OL］．［2023－06－20］．https：//www. un. org/zh/issues/anti－corruption/measures. shtml.

② 联合国与反腐败［EB/OL］．［2023－06－20］．https：//www. un. org/zh/issues/anti－corruption/measures. shtml.

③ 联合国与反腐败［EB/OL］．［2023－06－20］．https：//www. un. org/zh/issues/anti－corruption/measures. shtml.

社会负责政策的倡议，致力于企业的战略政策倡议、劳工、环境和反腐败活动。这样，企业作为推动全球化的主体，可以确保其维护对人类和地球的基本责任，有利于经济和社会发展。联合国全球契约的十项基本原则之一为企业界应努力反对一切形式的腐败，包括敲诈和贿赂。①

国际货币基金组织与成员国展开合作，共同推动善治并打击腐败。在向成员国提供政策建议、财政支持和技术援助时，国际货币基金组织重视宣传善治。国际货币基金组织也已采取强有力的举措，确保正直、公正及诚实地履行自身的专业义务。②

三、联合国出台的反腐败文件择要解读

联合国自 1945 年成立以来，一直关注腐败问题，并且通过制定一系列反腐败的法律文件和采取相应的行动推动各国的反腐败斗争。

1.《联合国反腐败实际措施》

《联合国反腐败实际措施》由联合国社会发展和人道主义事务中心预防犯罪和刑事司法处制定。

1990 年 8 月 27 日至 9 月 7 日，在古巴哈瓦那召开的第 8 届联合国预防犯罪和罪犯待遇大会审查并通过了《联合国反腐败实际措施》（以下简称《措施》，也有学者译为《反贪污腐化实际措施手册》）。

《措施》内容很广泛，涉及反腐败可采用的措施、行动方针和制

① 联合国与反腐败［EB/OL］.［2023－06－20］. https：//www. un. org/zh/issues/anti－corruption/measures. shtml.

② 联合国与反腐败［EB/OL］.［2023－06－20］. https：//www. un. org/zh/issues/anti－corruption/measures. shtml.

定反腐败方案的程序等，概括起来有如下几个方面。[1]

（1）通过立法的手段来预防与惩治腐败的犯罪行为。《措施》指出："开展一场有效打击贪污腐化的斗争，一个必要条件是需要有一部充分的法规，禁止各种形式的对廉政和对国民极为有害的官场舞弊行为。"《措施》还提出了公职人员贪污腐化行为应当处罚的标准。[2]

（2）建立官员财产申报制度、财产公开等相关制度。《措施》认为，公职人员申报或公布个人财产收入情况是一项很有价值的反腐败手段。

（3）完善公民举报制度。《措施》把鼓励公众和机关工作人员对腐败现象进行举报作为预防和惩治腐败的一项重要措施，并建立健全举报制度。

（4）确立颠倒举证责任原则。《措施》认为，颠倒举证责任这项程序性办法在反腐败斗争中具有重要的意义。所谓颠倒举证责任是相对刑事诉讼中被告人不负举证责任原则而言的。即由于贪污贿赂等职务犯罪特殊的隐蔽性和便利性，完全由控诉机关承担举证责任，一些非法行为和事实几乎是无法查明的。因此，《措施》规定在一定条件下，由负有特定义务的被告人承担举证责任，对自己的行为或存在的法律事实作出说明或合理解释，不履行此项义务的，这些行为和事实便可以成为其招致刑事追诉的依据。[3]

（5）没收官员在贪腐行为中的非法所得。《措施》提出，"没收腐败行为所获资金和财产，这是一项战略武器"。

（6）适度提高公职人员薪酬与待遇。《措施》认为，政府雇员的

---

① 刘铁鹰．一份值得借鉴的国际性法律文件：联合国《反贪污腐化实际措施手册》简介兼与我国反贪污贿赂立法现状之比较［J］．政法论坛，1992（2）：84-87；赵秉志，王志祥，郭理蓉．《联合国反腐败公约》暨相关重要文献资料［M］．北京：中国人民公安大学出版社，2004：112-138.

② 刘铁鹰．一份值得借鉴的国际性法律文件：联合国《反贪污腐化实际措施手册》简介兼与我国反贪污贿赂立法现状之比较［J］．政法论坛，1992（2）：84-87.

③ 刘铁鹰．一份值得借鉴的国际性法律文件：联合国《反贪污腐化实际措施手册》简介兼与我国反贪污贿赂立法现状之比较［J］．政法论坛，1992（2）：84-87.

薪金水平与廉政的关系甚大。

此外，在设立专门的、独立的反腐败机构来指挥反腐败工作，采取特殊手段和措施来调查、侦查和审判贪污贿赂案件，严处涉及腐败的企业等方面，《措施》也有涉及。[①]

联合国每年都对《联合国反腐败实际措施》的部分内容进行更新，以便给予各国在处理反腐败斗争中出现的实际问题时以最新的参考。

2.《联合国执法人员行为守则》

《联合国执法人员行为守则》是一个国际道德规范性文件，于1979年12月17日联合国第34届大会，根据第三委员会的报告，以34/169号决议通过实施。《联合国执法人员行为守则》共八条，其中第一条规定，执法人员包括行使警察权力，特别是行使逮捕或拘禁权力的所有司法人员，无论是指派的还是选举的。执法人员不得有贪污和其他任何滥用职权的行为。政府公职人员如不带头执法，就不能期望其对本国公民执行法律规定。《联合国执法人员行为守则》第七条将贪污定义为个人在执行公务时或在有关情况下，要求或接受礼物、酬劳，从而采取或不采取某种行动，或在采取或不采取某种行动后非法接受礼物、酬劳的一切行为。[②] 该守则要求执法人员尊重当事人的尊严，维护每个人的人权并勤勉严正地履行职责。这些规定为各国立法提供了指导、指南和可资借鉴的信息。

3.《联合国公职人员国际行为守则》

1996年12月12日，《联合国公职人员国际行为守则》在联合国第51届大会上通过并实施。这是世界上第一部要求公职人员廉洁奉公和廉洁自律的国际守则。该守则共6章，11条，包括总则、利益冲突和回避、公布资产、接受礼品或其他馈赠、机密资料和政治活动

① 刘铁鹰. 一份值得借鉴的国际性法律文件：联合国《反贪污腐化实际措施手册》简介兼与我国反贪污贿赂立法现状之比较［J］. 政法论坛，1992（2）：84-87.

② 赵秉志，王志祥，郭理蓉.《联合国反腐败公约》暨相关重要文献资料［M］. 北京：中国人民公安大学出版社，2004：141-144.

等，具体地对公职人员的职责和作用作出了明细化的规定。《联合国公职人员国际行为守则》要求公职人员不得滥用赋予他们的权力和威信；严禁公职人员利用职务之便为本人或其亲戚、朋友谋取不正当的个人利益或者经济利益；公职人员不得进行与其公务、职能和职责或履行这些职责不相符合的任何交易、取得任何职位或职能或在其中拥有任何经济、商业或其他类似的利益；公职人员不得不正当地利用在履行公务过程中取得的或由于其公职而得到的公款、公共财产、服务或信息来从事与其公务无关的活动；禁止公职人员利用职权收受礼物，并要求公职人员对本人及其配偶或其他受赡养人的私人财产和债务进行公布。①

4.《联合国反对国际商业交易中的贪污贿赂行为宣言》

1996 年 12 月 16 日，《联合国反对国际商业交易中的贪污贿赂行为宣言》（以下简称《宣言》）在联合国第 51 届大会上通过并实施。《宣言》共计 12 条，主要是指导国际反腐败、反对国际交易中的跨国贿赂行为的文件，并对其概念进行了明确的界定。《宣言》要求各国取缔国际商业交易中一切形式的贪污、贿赂及其他违法行为，同时促请各国将在国际商业交易中贿赂外国官员的行为确立为刑事犯罪行为并进行有效惩治。禁止一国的任何公私营企业或个人利用向另一国公职人员或民选代表支付贿金的方法进行税收减让。《宣言》还要求各国制定会计标准和惯例、商业守则、司法互助和银行保密规定等条款，增加国际商业交易的透明度，对跨国腐败行为的调查提供尽可能的协助。②

5.《联合国打击跨国有组织犯罪公约》

为促进预防和惩治跨国有组织犯罪，2000 年 11 月 15 日《联合国

① 赵秉志，王志祥，郭理蓉.《联合国反腐败公约》暨相关重要文献资料［M］. 北京：中国人民公安大学出版社，2004：139-140.

② 赵秉志，王志祥，郭理蓉.《联合国反腐败公约》暨相关重要文献资料［M］. 北京：中国人民公安大学出版社，2004：145-146.

打击跨国有组织犯罪公约》在联合国第55届大会上通过，并于2003年9月29日生效。该公约是联合国近年来在刑事司法领域制定的重要国际法律文书，旨在加强国际合作与交流，促进预防和打击跨国有组织犯罪。公约缔约方大会每两年举行一次，主要审议公约各工作组的执行情况，探讨国际合作与技术援助情况，以及通过一系列重要决议。

公约共41条，对术语界定、适用范围、腐败行为的刑事定罪、打击洗钱活动的措施、反腐败措施、程序性事宜、国际合作等方面作了具体规定。《联合国打击跨国有组织犯罪公约》第8条要求各国采取必要的立法及其他措施，将下列腐败行为定为刑事犯罪：一是为使公职人员在执行公务时作为或不作为，直接或间接许诺给予或给予公职人员及其他人员不应有的好处；二是以公职人员在执行公务时作为或不作为为条件，直接或间接索取或接受其本人或其他人员不应有的好处。《联合国打击跨国有组织犯罪公约》还确定了贿赂公职人员应承担的法律责任；要求各缔约国必须在对腐败犯罪的侦查、起诉和审判程序中相互提供最广泛的司法协助，包括在收集、移送法院所用证据中提供具体形式的相互法律协助和引渡罪犯；要求缔约国必须采取措施追查、冻结、扣押和没收腐败犯罪所得。① 对上述方面所作的具体规定为缔约国国内有关腐败犯罪的刑事立法和预防腐败措施的制定提供了基本的法律指南。

6.《联合国反腐败公约》②

2003年10月31日，第58届联合国大会全体会议审议通过了《联合国反腐败公约》（以下简称《公约》）。《公约》专门用于指导国际反腐败斗争，对预防腐败、界定腐败犯罪、反腐败国际合作等问题进行了规定。同时，《公约》的制定出台加强了各国的反腐合作，提高了

① 赵秉志，王志祥，郭理蓉.《联合国反腐败公约》暨相关重要文献资料［M］. 北京：中国人民公安大学出版社，2004：150-159.

② 李嘉凤. 国际及主要国家反腐败机构与措施简介［J］. 国际资料信息，2004（8）：25-34；赵秉志，王志祥，郭理蓉.《联合国反腐败公约》暨相关重要文献资料［M］. 北京：中国人民公安大学出版社，2004：3-39.

反腐成效，受到国际社会的高度重视。

《公约》除序言外，由总则、预防措施、定罪和执法、国际合作、资产的追回、技术援助和信息交流、实施机制及最后条款共八章71条组成，主要涉及建立预防腐败、刑事定罪与执法、国际司法与执法合作、资产追回与返还、履约监督等五大法律机制。为此，联合国要求缔约各国通过技术援助和信息交流实施公约，并在建立上述五大法律机制方面向发展中国家提供财政和技术援助。这体现了预防、惩治、国际合作、资产追回、技术支持等协同配合的反腐败一体化思想。

《公约》的宗旨：一是促进和加强各项措施，以有利于预防和打击腐败；二是促进和支持预防与打击腐败方面的国际合作及技术援助，包括在资产追回方面的合作与援助；三是提倡廉正、问责制和对公共事务与公共财产的妥善管理。

关于腐败的预防。《公约》第5至14条用10条的篇幅要求缔约各国在预防腐败行为方面承担义务，如：要求公共部门制定和执行有效的反腐败政策，设立预防性反腐机构，制定公职人员行为守则，建立以透明度和竞争为基础的公共采购和公共财政管理制度。又如：要求强化私营部门的会计和审计标准。

关于社会参与。《公约》要求缔约各国加强和促进包括非政府组织在内的社会公众的监督和参与。《公约》特别重视对洗钱的预防，要求缔约各国承担强制性义务，以加强其金融机构的反洗钱工作。

关于刑事定罪与执法。《公约》第15至42条用28条的篇幅进行了明确规定，要求缔约各国采取必要的立法措施，将涉及公职人员的贪污贿赂、侵吞资产、影响交易（指公职人员利用自己实际或潜在的影响力为本人或他人谋取不正当好处的行为）、滥用职权、资产非法增加以及洗钱、窝赃、妨害司法等行为定为犯罪，并要求对私营部门的贿赂和侵吞资产行为进行刑事定罪。

关于国际合作。《公约》第43至50条用8条的篇幅规定国际司法合作与执法合作，确立引渡和司法协助规则，并规定缔约各国开展执法合作的相关措施。

关于引渡和司法协助。《公约》要求缔约各国将腐败犯罪视为本国所签署的现行任何引渡条约中可予引渡的犯罪，并就腐败犯罪的侦查、起诉和审判程序相互提供广泛的司法协助。

关于资产追回与返还。《公约》第 51 至 59 条用 9 条的篇幅进行了明确的规定，要求缔约各国确保本国金融机构核实客户身份，以便预防、监测并及早发现洗钱行为。对被转移他国的腐败资产，《公约》规定了追回资产的具体措施，要求缔约各国允许另一缔约国在本国提起民事诉讼，以便确立后者对相关境外流失资产的所有权。同时，《公约》规定了没收程序，使腐败资产在相关国家被没收成为可能；还规定了被没收资产的返还与处分程序。

关于履约的监督。为监督《公约》的履行，其规定了后续监督机制和相关措施，其中最重要的是设立“公约缔约国会议”。

关于技术援助和信息交流。为了促进缔约各国间的信息交流，《公约》第 60 至 62 条要求各缔约国相互间对反腐败计划和方案提供广泛的技术援助，特别是向发展中国家提供包括物质支持和培训在内的援助，包括共享预防和打击腐败犯罪方面的统计、分析及最佳做法的资料。

四、联合国在反腐败国际立法中的主导作用

总之，联合国作为全球最具影响力的政府间国际组织，在反腐败立法方面发挥了充分的主导作用。

在联合国系统反腐败立法的共同指导下，国际反腐败治理体系日臻完善，各国也建立健全了反腐败立法体系。

联合国 2030 年可持续发展目标明确提出要“大幅减少一切形式的腐败和贿赂行为”，为未来的国际反腐败合作及国际反腐败立法指明了方向。相信国际反腐败合作与立法的明天会越来越美好。

第四章　国际金融组织系统反腐败立法研究

一、世界银行与反腐败立法研究

（一）世界银行基本情况

世界银行（World Bank，简称“世行”）于1945年建立，是世界多边开发银行之一，也是著名的国际金融机构。旗下包括国际复兴开发银行（IBRD）、国际开发协会（IDA）、国际金融公司（IFC）、多边投资担保机构（MIGA）、国际投资争端解决中心（ICSID）5家机构。5家机构致力于为消除贫困提供援助，为共享繁荣提供经济支持。世行现有189个成员国。

作为世界较大的发展援助机构之一、国际三大金融机构之一，世行在世界经济舞台上具有举足轻重的地位。但是随着世行放贷额度越来越高，涉及的资金越来越多，世行资金款项被侵吞窃取的腐败行为也不断出现。自20世纪80年代起，世行将打击腐败提上日程。

（二）世界银行推动金融领域反腐败国际合作与主导金融领域反腐败立法

1. 世界银行反腐败与反腐败立法的历史演进

从20世纪90年代开始，世行一直注重预防和打击商业领域中的腐败行为。

1995年，詹姆斯·沃尔芬森出任行长后，把打击行贿受贿等反腐败问题作为当务之急。

1996年，时任世界银行行长詹姆斯·沃尔芬森在年会上发表了“腐败的毒瘤”这一具有里程碑意义的讲话，首次把腐败问题明确地提到一个多边机构的发展议程上。沃尔芬森提出协助各国政府实施反腐败行为的国家计划，强调“铲除腐败毒瘤”的必要性。他指出：腐败是发展的主要障碍，我们必须遏制腐败的毒瘤……我要强调的是，世界银行集团不能容忍在我们资助的项目中发生腐败，我们正采取措施确保我们的活动继续符合最高的廉洁标准。①

1996年7月，世界银行通过有关贷款条件、政府采购规则和标准招标文件的反贿赂修正案，要求凡属世界银行资助项目，必须公布已经或将要付给与其招标、履约有关机构的一切佣金和小费。如果投标者或借款人卷入腐败行为，世界银行将拒绝付款或取消项目中的世界银行贷款部分。被世界银行认定有腐败行为的公司将被列入一段时期内不得参与世界银行资助项目的黑名单。

1996年，世界银行通过了采购指南和咨询指南，这两份指南使得世行在发现采购货物和咨询服务中有腐败现象时，可以制裁被指

---

① 世界银行．你所不知道的有关世界银行和反腐败的十件事［EB/OL］．（2006-01-10）［2023-07-10］．http：//www．world-bank．org．cn/Ch inese/content/corruption5．shtml；倪星，朱琳．世界银行的反腐败战略及其对中国的启示［J］．广州大学学报（社会科学版），2006（2）：11-26．

控欺诈腐败的相关企业和个人。2006 年通过的反腐败指南是世行反腐败规则系统建立起来的标志。世行在反腐败指南中明确规定了腐败的定义、制裁种类和制裁程序。随后世行针对腐败出台了一系列补充文件，共同构成了世界银行反腐败制裁体系。这些文件由世行成员国政府投票产生，表明世行反腐败制裁体系建立的基础是成员国政府的许可。①

1996 年修订的《政府采购准则》、随后制定的《贷款和担保使用条件总则》、增补的《利用 IBRD 贷款和 IDA 信贷的采购准则》、1997 年发表的《帮助各国与腐败作斗争的政策说明》等文件，在解决世行在跨国发展项目以及援助项目中发生的各种腐败问题方面，富有成效。

1996 年 8 月，世界银行发布了《国际复兴开发国际银行贷款和国际开发协会借款采购指南》。② 根据该指南，借款人、投标人、供应方和合同方在取得和执行合同过程中都应当遵守高标准道德准则。如果投标人被认为从事了贿赂或者欺诈行为，世界银行将拒绝支付其所得。同样，如果借款人被发现实施了相同行为，那么已经批准的贷款份额将被取消。行贿的公司将在一定期限内被禁止从世界银行获得贷款。世界银行同时有权对腐败的供应方或合同方的账簿和记录进行检查与审计。③

1997 年 9 月，世行发表《帮助各国与腐败作斗争》的政策声明，并制定了一项全面打击腐败的计划。其中有力的监控措施包括：一是在银行财政项目中防止诈骗和腐败，二是对向世行申请反腐败援助的国家提供帮助，三是在世行的国家借贷、国内援助策略、银行的财务分析和与借贷者的政策对话等方面都要警惕腐败行为，四是支持

① 肖振华. 世界银行反腐败规则研究［D］. 重庆：重庆大学，2020.

② World Bank. Guidelines：Procurement Under IBRD Loans and IDA Credits［Z］. 1996.

③ 陈彦龙. 打击跨国商业贿赂犯罪的国际合作研究［D］. 长沙：湖南师范大学，2011：31-32.

国际反腐败措施。[①] 是月，世界银行执行董事会批准了世界银行的综合反腐败战略。

1998 年 8 月，世界银行加大反腐力度，采取了新的反腐败措施，并在总部设立了由常务副行长领导的反腐败委员会，下设秘书处，主管处理反腐败的日常事务。反腐败委员会还从外部雇佣了一些反贪专家和审计人员组成反贪小组，对可疑情况进行调查。[②]

1998 年 10 月 19 日，世行开设了一条专门举报世行贷款项目中的腐败与欺诈行为的热线电话，并设立网上举报通道，反腐败委员会受理举报。除反腐败委员会外，世行还成立了独立的监察委员会，以便对世行贷款发放和资金使用的全过程进行监督。此后，世行又成立了一个审批委员会，如果有足够证据证实某公司或个人从事腐败或欺诈活动，审批委员会将向行长建议这些公司或个人应该被宣布为没有资格取得世界银行的贷款。那些在世行贷款项目中被确定为有腐败或欺诈行为的承包商、制造商和咨询者将被列入世行的黑名单，在世行贷款项目中永远或一段时间内不能中标。[③]

2000 年 11 月，世行再次发表《改革公共体制，加强治理：世界银行的战略》的政策性文件，强调采取综合性的反腐败方式，支持各国的反腐败斗争。

2001 年世行建立机构廉政部（INT）。机构廉政部的职责是调查对世界银行集团资助业务的欺诈和腐败指控，并在发现违规行为时实行制裁。

2001 年 5 月在荷兰海牙召开的第 2 届全球反腐倡廉论坛，以及 2001 年 10 月在捷克布拉格召开的第 10 届国际反腐败大会等会议中，

---

① 陈彦龙. 打击跨国商业贿赂犯罪的国际合作研究［D］. 长沙：湖南师范大学，2011：31-32.

② 陈彦龙. 打击跨国商业贿赂犯罪的国际合作研究［D］. 长沙：湖南师范大学，2011：32.

③ 李嘉凤. 国际及主要国家反腐败机构与措施简介［J］. 国际资料信息，2004（8）：25-34.

世界银行与重要的国际组织合作，资助和参与国际反腐败研讨会。

2005 年 2 月 24 日，世界银行首次公布了《关于对世界银行资助的项目中工作人员行为不检、舞弊和腐败进行调查和制裁的年度报告》。报告指出，自 1996 年以来，世界银行在反腐败斗争方面发挥了带头作用，支持并实施了由各成员国制定的 600 多项反腐计划和施政举措。自 1999 年以来，世行的机构廉政部对超过 2000 宗的内部和外部案件进行了调查，并已结案。世行就资助项目中的舞弊和腐败行为制裁了 300 多家公司和个人，涉及世行工作人员的严重指控，数目仅占工作人员总数的近 1%。时任世界银行行长沃尔芬森指出："我为报告感到鼓舞，报告显示，世行继续是反腐斗争的领头人……任何人读了报告，都会发现，这是为对抗腐败这一毒瘤而采取的真正行动。"①

2007 年 4 月 15 日，世界银行公布了一项名为"被窃资产追讨行动"的计划，其又称"被盗资产追回倡议"（StAR），旨在劝说发达国家批准和履行《联合国反腐败公约》；协助发展中国家建立法律援助体系，以追讨被腐败官员转移到国外的资产；发展反腐信息和经验共享的伙伴关系；按照自愿原则，由世行提供专业意见，监控被追讨回来的资产的使用情况，以确保工作的透明度和成效。该计划将由世界银行、联合国毒品和犯罪问题办公室、国际货币基金组织（IMF）、经济合作与发展组织、八国集团（G8）以及发展中国家合作实施。②虽然该计划对受到腐败危害的国家是非常有益的，但各国政治意愿不足与法律障碍以及全球化带来的大笔资金跨境流动，给计划的落实造成了巨大的困难。实际上，追讨计划更大的作用在于对今后腐败官员向境外转移资金的限制与威慑。

① 新华社. 关于对世界银行资助的项目中工作人员行为不检、舞弊和腐败进行调查和制裁的年度报告［EB/OL］.（2006-01-10）［2023-07-10］. http：//web. worldbank. org/WBSITE/EXTERNAL/NEW S/0.

② 马晶. 世行"盯住"贪官境外资产［EB/OL］.（2007-04-17）［2023-07-10］. http：//intl. ce. cn/glzh/200704/17/t20070417-11059358. shtml.

2010 年 4 月 9 日，全球主要多边开发银行签署联合协议，共同加强反腐败合作。参与签署这项新协议的银行包括非洲开发银行、亚洲开发银行、欧洲复兴开发银行、美洲开发银行和世界银行。这些银行将联合行动，抗击在多边开发银行支持项目中发现的企业和个人的腐败行径。多边开发银行惩治腐败的行动通常包括谴责、在未来合同中附加条件以及暂时或永久性地取消涉腐公司或个人未来在银行的融资资格。时任世行行长罗伯特·佐利克说，各大开发银行签署的这项协议传递了反腐败的明确信息，即如果欺骗了一家银行，将受到所有银行的惩罚。全球主要多边开发银行 2006 年承诺共同探讨打击腐败的行动。根据当年的协议，相关银行同意协调关于惩罚行动的定义以及在这些银行之间分享更多调查信息。①

2011 年，世界银行修改了《关于预防和打击国际复兴开发银行贷款和国际开发协会信贷和赠款资助项目中的欺诈和腐败行为的指南》（简称《世界银行反腐败指南》），规定对没有遵守《世界银行反腐败指南》中监督和审计规定的项目采取惩罚措施，如取消对于该项目的资助、就已经支出的款项通过民事诉讼进行索回等。②

2. 世界银行反腐败措施

世界银行将善治与反腐败行动作为减贫的重要支柱，认为反腐败政策应强调三个方面：修订现有法律或引入新的立法缩小寻租空间，与其他国家或国际反腐败组织构建反腐败联盟，执行综合反腐败计划。世界银行针对政府腐败与行政腐败两种腐败类型还设计出系列反腐败政策网络，包括：在制度约束方面，保证有效的司法、健全的立法和执法；在政治责任方面，有值得信赖的政党、政党财政来源透明、议会投票公开及实施财产申报制度；在公民参与方面，自由获

① 全球主要多边开发银行合作加强反腐［EB/OL］.（2010－04－10）［2023－07－10］. http：//news. sohu. com/20100410/n271426246. shtml.

② World Bank. Guidelines：Procurement of Goods，Works，and Non-Consulting Services Under IBRD Loans and IDA Credits［Z］. 2011.

取信息、发挥媒体与非政府组织的作用；在私营部门竞争方面，推动经济体制改革、垄断部门的竞争性改组、公司治理的透明等；在公共部门管理方面，实行预算（采购、审计等）管理、税收管理、责任分散等。①

1996年开始，世界银行反腐败措施主要包括以下几个方面。②

第一，针对世行援助项目的反腐败具体措施，主要反映为以下几种：

首先，落实在贷款项目调研审批过程中的反腐败措施。例如世行于1998年1月设立制裁委员会，根据世界银行《获取资助指导大纲》第1款第15条制裁欺诈与腐败行为。

其次，强化采购程序与贷款程序中的反腐败措施，主要依靠世行设置的审批委员会，对参与采购的公司或个人进行审批，禁止或限制有行贿前科的公司参与竞标。

第二，建立健全反腐败机构并开通反腐败热线。1998年世行设立反腐败委员会，即机构廉政部，其下设秘书处，主要负责世行资金运作以及对内部职员的违规活动的指控。同年10月19日，世界银行又设立了举报腐败与欺诈行为的免费热线电话，该热线24小时畅通。

第三，帮助受援助国减少腐败。其主要表现为1997年，世行发表“帮助各国与腐败作斗争”的政策声明，帮助那些受到腐败困扰的发展中国家减少结构性腐败。

第四，追讨被窃资产专项行动。依据《联合国反腐败公约》关于“资产追回与返还机制”的有关规定，2007年4月15日世界银行公布了一项名为“被窃资产追讨行动”的计划。

第五，加强世界银行集团在政府治理与反腐败中的参与度。

---

① World Bank. OED Methodology Syndicate-Evaluation Criteria Review [Z]. Operations Evaluation Department (OED), 2000: 39.

② 李广民，李进浩. 世界银行反腐败措施研究 [J]. 长春师范学院学报（人文社会科学版），2008 (11): 1-6.

第六，支持全球性反腐败活动。世界银行支持全球反腐败行动的措施包括：帮助各国之间反腐败活动的相互协调；集中在世界银行有比较优势的领域开展反腐败活动；和其他组织建立反腐败战略合作关系；解释和完善银行政策。①

第七，世行与其他国际组织开展反腐败合作。世界银行集团与国际货币基金组织、金融行动特别工作组、透明合作基金、经济合作与发展组织发展援助委员会（DAC）以及透明国际等国际反腐败机构与部门开展密切合作。

第八，对援助项目严格的审查监督机制。如果没有按照规定的程序招标，或合同授予中存在腐败现象，世行有权宣布该采购合同为“无效采购合同”。②

总体而言，世界银行相比于其他国际组织，其反腐败机制已经处于较为先进的水平，反腐理念、实施机制、监督机制等也日益完善。

但世界银行目前缺乏对于国有企业反腐败机制的直接专门性规定，只能根据个案情形与反腐机制的具体规定来对照适用世行反腐措施或其他制裁措施，并且以经济上的制裁措施为主。世行的性质和职能决定了其反腐措施不能凌驾于国家主权之上，因此其不能对职务范围内涉及的腐败行为进行实质上的政治或法律制裁，大部分情况下只能依据其职权对有关腐败主体进行经济上的制裁，例如剥夺其申请世行贷款资格等。③

3. 世界银行反腐败立法文本择要解读

世界银行反腐败规则主要由内部一系列文件所构成，包括《世界银行反腐败指南》《世界银行制裁程序》《世界银行制裁理事会规定》《世界银行双级制裁体系和廉政承诺指南》等。其中最具有代表

---

① 陈彦龙. 打击跨国商业贿赂犯罪的国际合作研究［D］. 长沙：湖南师范大学，2011.

② Syvnkova A. Recommended Practices for Companies and Their Counsel in Conducting Internal Investigations［J］. American Criminal Law Review，2009：132.

③ 李广民，李进浩. 世界银行反腐败措施研究［J］. 长春师范学院学报（人文社会科学版），2008（11）：1-6.

性的是2006年通过的《世界银行反腐败指南》，该指南详细规定了欺诈腐败行为的定义，对腐败行为制裁的种类。《世界银行双级制裁体系和廉政承诺指南》规定了涉及世行反腐败的具体职责和履职程序，另外也明确了被控告一方申诉的权利和相应程序。①

（1）关于欺诈和腐败行为的认定。

世界银行反腐败工作现阶段主要依据的法律文件为世行于2006年制定、并于2011年作了最新修订的《世界银行反腐败指南》，以及世行制定的《世界银行制裁程序》（现行有效的是2012年4月15日制定的版本）。

根据世行制定的《世界银行反腐败指南》，其制裁机制主要针对银行项目中涉及的以下几种行为：

“腐败行为”，指直接地或间接地提供、给予、收受或索取任何有价财物，不正当地影响另一方的行为，典型的是行贿受贿、提供或者索要回扣。

“欺诈行为”，意指任何行为方或隐瞒，包括歪曲事实，或故意或者放任误导（或企图误导）他方，以获得财物等利益或逃避义务，例如出具虚假的资质证书、虚假的银行担保、虚假发票等。

“共谋行为”，指由几方为达不当目的所作之安排，典型的包括串通报价、虚假竞标等行为。

“胁迫行为”，意指直接地或间接地削弱或伤害、威胁某一方，不正当地影响他方的行为，例如胁迫项目方购买服务或者物品，或者恐吓其他投标人，等等。

“妨碍行为”，指以妨碍世行对前述四种行为的调查为目的，故意破坏、伪造、改变或隐瞒调查所需的证据材料或向调查官提供虚假材料，或威胁、骚扰或胁迫他方采取上述行为，或企图严重妨碍世行依据合同行使审计权和知情权的行为。②

① 肖振华．世界银行反腐败规则研究［D］．重庆：重庆大学，2020.

② 陈一峰．世界银行反腐败制裁机制与全球治理［J］．国际法研究，2015（6）：77-92.

（2）制裁机制。

世行制裁机制适用于所有世行资助投资项目（包括世行全部或部分资助的项目）在使用贷款资金中存在的欺诈和腐败行为。《世界银行反腐败指南》主要适用于世行贷款的接受者，包括以下四类主体：一是借款人；二是所有最终接受贷款资金的实体和个人；三是负责存放或者支付此等资金的实体和个人，例如财务代理；四是可以就贷款资金使用发挥影响或者做决策的个人和实体。需要注意的是，世行的反腐败机制不适用于成员国（包括政府官员或雇员），也不适用于政府管理的机构或实体，但国有企业除外。[①] 世行的制裁行为，往往有时效限制，例如与腐败行为有关的合同执行完毕达到十年以上，或者其他被起诉行为发生在十年以前，那么该行为将免于被起诉。[②]

世界银行主要可以采取的制裁措施有以下五种：第一，针对轻微的违法行为，发送谴责信。第二，最常用的制裁措施——除名，即永久地或者在规定的期限内，世行将违法的公司或者个人列入黑名单并予公布，在世行项目范围内，禁止该个人、公司及控制该公司的实体或者该公司控制的实体承接工程或者向其提供货物、服务。第三，有条件不除名，即企业已经全面、主动地采取救济性和预防性措施的，世行基于多种因素考量，可以不除名。第四，有条件除名，即企业虽被世行除名，但符合条件之后，便可以恢复其参与世行项目的资格。第五，退款或者救济，即企业不能从其不法行为中获得收益，要求受制裁企业对借款人或者其他机构退款，并且对其不法行为所造成的损害予以补救。这种制裁方式的适用范围在不断扩大。[③]

对于如何具体适用上述各种制裁，对于其基本制裁幅度、各种加重或者减轻的情节，世行还专门制定了制裁指南。[④]

---

① 陈一峰. 世界银行反腐败制裁机制与全球治理［J］. 国际法研究，2015（6）：77-92.
② 陈一峰. 世界银行反腐败制裁机制与全球治理［J］. 国际法研究，2015（6）：77-92.
③ 陈一峰. 世界银行反腐败制裁机制与全球治理［J］. 国际法研究，2015（6）：77-92.
④ 陈一峰. 世界银行反腐败制裁机制与全球治理［J］. 国际法研究，2015（6）：77-92.

在制裁程序方面，世界银行作出反腐败制裁决定需要遵照以下主要分工和流程。世行下设副行长级廉政部、资格暂停与除名办公室、制裁理事会，三者在制裁程序中相互独立、分工负责，又相互制约。其中，廉政部负责调查世界银行项目是否存在欺诈或者腐败行为，搜集证据，并有权启动制裁程序。在廉政部提起正式指控之后，世行的资格暂停与除名办公室负责第一轮审查并提出制裁建议。大约有 60% 的案件，经过第一轮审查就结束了，只有 40% 的案件进入制裁理事会、接着会由理事会进行第二轮审查。理事会共有七名成员，其中四名为世行外部人员，三名为世行雇员，均由世行行长提名后由世行执行董事会任命，且自 2009 年起，制裁理事会的主席由世行外部人员担任，五名以上的理事会成员出席即构成一个完整的制裁理事会，可以召开全体会议。制裁理事会将基于双方提供的证据和主张，决定有关证据资料是否有盖然性优势支持欺诈或者腐败行为的存在。如果确认存在欺诈或者腐败行为，制裁理事会将决定制裁措施。此决定是最终的，即刻生效。制裁理事会对于制裁措施的决定，不受资格暂停与除名办公室所作建议之约束。①

4. 廉政部的职责及其反腐败措施

2001 年，世界银行成立了调查机构——机构廉政部（简称“廉政部”），其直接对行长负责，间接对世行集团董事会的审计委员会负责。

廉政部的使命是调查有关世行所支持活动中欺诈与腐败行为的指控，并负责调查对工作人员重大欺诈与腐败行为的指控。此外，廉政部还与世行减少贫困与经济管理网络（PREM）、世界银行学院（WBI）、业务政策与国别服务部（OPCS）、世行集团区域工作人员协调开展反腐败工作，还与道德规范办公室和世界银行学院共同为世行集团工作人员及客户举办宣传教育培训活动。

① 陈一峰. 世界银行反腐败制裁机制与全球治理［J］. 国际法研究，2015（6）：77-92.

廉政部特别成立了一个诉讼单位，其专门负责起草和准备提议的“制裁审理通知”。

总之，作为在全球范围具有重要影响力的国际组织，世界银行不仅在全球反欺诈与反腐败的斗争中担负国际领导责任，而且还主导国际金融领域反腐败规则的制定，促进国际金融秩序的稳定与全球经济的持续发展。

二、亚洲开发银行与反腐败立法研究

（一）亚洲开发银行基本情况①

亚洲开发银行（Asian Development Bank，ADB，简称“亚行”）创建于1966年11月24日，是一个致力于促进亚洲及太平洋地区发展中成员经济和社会发展的区域性政府间金融机构，总部设在菲律宾马尼拉。截至目前，亚行共有68个成员，其中，49个来自亚太地区，19个来自其他地区。中国于1986年3月10日加入亚行。

亚行的组织机构由理事会、董事会和管理层组成。

1. 理事会

理事会是最高决策机构，由68个成员代表组成，根据亚行章程，理事会负责决定新成员的接纳、成员资格暂停、审议股本金方案、选举执董和行长、审议执董和行长薪酬方案、批准年度财务报告和净收入分配方案等，理事会在每年亚行年会期间召开正式会议。亚行年会每年举行一次，由亚行成员轮流举办，截至2023年已举行过56届。

① 亚洲开发银行概况［EB/OL］.［2023-07-10］. http://gjs.mof.gov.cn/dhjz/gjjrzz/yzkfyh/jgjj13/201011/t20101112_348726.htm.

2. 董事会

董事会由理事会选举产生。董事会共有 12 个选区，每个选区选出董事、副董事各 1 人，任期 2 年，可以连任。其中美国、日本、中国为单一选区，其余为多国选区。董事（副董事）常驻菲律宾马尼拉，主要负责核准亚行行政预算、审批政策文件以及贷款、股权和技术援助项目等。

3. 管理层和内设机构

截至 2020 年底，亚行共有 7 名高级管理人员（其中行长 1 人，副行长 6 人）、27 个局级单位和 43 个国家或地区代表处及办事处，职员总数 3605 人。现任行长浅川雅嗣（日本籍）于 2020 年 1 月 17 日当选，任期至 2026 年 11 月 23 日。

2018 年 7 月，亚行通过了《2030 战略》，明确亚行未来新愿景为“实现亚太地区繁荣、包容、韧性和可持续发展”，提出将采取多样化的方式向发展中成员提供援助，共同实现 2030 年可持续发展目标和《巴黎协定》关于气候变化的目标以及推进全球发展融资议程。

（二）亚洲开发银行推动反腐败国际合作的探索与贡献

1. 推出“亚太地区反腐败行动计划”

2001 年 11 月，在亚洲开发银行举办的第三次亚太地区反腐败会议上，亚行提出了“亚太地区反腐败行动计划”。

2. 斥资 25 万美元援助地区反腐合作

2005 年 2 月，亚洲开发银行批准总额为 25 万美元的援助款项，以深化亚太地区国家之间以及与其他地区国家的反腐败合作。亚行的一项报告说，这笔援助款将用于鼓励更多的亚太地区国家签署“亚太地区反腐败行动计划”，并帮助已经签署这一计划的 23 个国家的政府实现承诺和履行相关义务。该计划被视为第一个联合亚太地区各国共同反腐败的行动纲领。计划规定了参与国采取反腐败行动的目标，即建立有效和透明的公共服务体系、加强反贿赂行动、提高商业运作的廉洁性以及支持公众的积极参与。亚行的报告说，尽管不少国家目前已经将上述目标纳入国家政策，但由于制度和立法缺陷、政府政治意愿薄弱、公众参与有限以及反腐败调查技术落后等原因，还有很多具体行动计划尚未实施，因此几年来反腐行动并未取得预期成果。[①]

3. 推出新的治理和反腐败行动计划

2006 年 8 月，亚洲开发银行推出新的治理和反腐败行动计划，旨在提高亚洲开发银行发展援助的有效性，为减少亚太地区贫困人口作贡献。亚洲开发银行划拨 400 万美元用于支持新计划的首次推行，使与 ADB 具有伙伴关系的发展中成员国能够设计并实施质量更高的项目和工程。根据新计划，即所谓的第二次治理和反腐败行动计划，借贷者将必须公开所有合同奖励，并在 ADB 网站上公开所有超过 100 万美元的合同，报告欺诈和腐败的流程也将得到改善。时任 ADB 副行长 Geert van der Linden 称，腐败及治理不到位不仅阻碍投资、浪费资源、扭曲资源配置，还破坏公共机构的可信性和制度的有效性。ADB 致力于与亚太地区国家一起合作，加大治理力度，加强制度有效性，对抗腐败。新计划主要关注以下几点：完善管理不善和贪污腐败代表一国社会和经济发展的风险评估；确保设计项目时考虑风险因素；改善执行机构的工作，最小化项目实施风险；通过加强员工技能和采用更好的运作方式提高 ADB 处理治理问题的能力。时任 ADB 能力开发和治理部门主管 Kathleen Moktan 称，ADB 相信要想有效地解决地区发展的需要，最终减少贫困，重要的是与政府一同改善治理效果、提高抵御腐败能力的长期过程。除了 400 万美元，ADB

---

① 亚洲开发银行斥资 25 万美元援助地区反腐合作［EB/OL］.［2023-07-10］. https://business.sohu.com/20050213/n224291039.shtml.

还将在计划实施的前十二个月投资 100 万美元用于改善系统和程序，引进新的治理、制度和腐败风险管理系统。①

4. 基于腐败调查结果进行制裁

2009 年 2 月 16 日，根据负责亚行反腐工作的亚洲开发银行廉政处总审计师办公室的最新报告，亚行 2008 年基于腐败调查结果制裁了 41 家公司和 38 个人。这样，自亚行 1998 年开始调查腐败指控起，被禁止为亚行工作的公司和个人数量增至 552。廉政处总审计师办公室 2008 年共计收到 186 例投诉信件，进行了 89 项调查。其介入调查的事件既包括前员工不到 100 美元的医疗福利欺诈，也包括涉嫌串通竞标、涉案金额高达 1000 万美元的公路建设项目。该报告称，74% 的调查案件与亚行融资项目有关，而 18% 的案件涉及亚行员工。其他案件主要涉及制裁违规和利益冲突。调查结果显示需要受到制裁的公司被禁止与亚行发生业务往来，期限最高达 7 年；而个人被禁期从 1 年到无限期不等。"亚行将继续加强其反腐政策力度。"时任亚行总审计师菲利浦·道瑞普先生表示，"我们总是尽快在第一时间调查所有指控，并对通过调查证实指控成立的企业和个人进行制裁。作为调查的一部分，我们也会听取被指控方的解释。"除了调查腐败指控外，亚行还进行项目审计，以发现其融资项目的欺诈和腐败活动指标，同时改进项目管理，并就项目剩余寿命期提出建议。另外，亚行还通过加强廉政机构建设，改善公共管理体系和程序，进行机构和个人能力建设，增强区域内的反腐意识，来帮助其发展中成员体打击腐败行为。②

5. 举办亚行反腐合规政策线上培训会

2022 年 5 月 20 日，亚洲开发银行为 69 个项目的相关单位举办了

① 刘美. 亚洲开发银行推出新的治理和反腐败行动计划［EB/OL］.［2023-07-10］. http://finance. sina. com. cn/money/forex/20060821/2123872893. shtml.

② 2008 年亚行制裁涉嫌腐败的 41 家公司和 38 位个人［EB/OL］.［2023-07-10］. https://www. adb. org/zh/news/adb-imposed-sanctions-41-firms-and-38-individuals-2008-due-corruption.

亚行反腐合规政策线上培训会，帮助其增强反腐合规意识和促进能力建设。亚行有关官员系统讲解了亚行反腐合规、招标采购和财务管理相关政策和案例，并与参会代表进行了答疑互动。来自我国河南、黑龙江、青海等 17 个省份的近 500 个相关单位（包括省市县级财政部门、项目办和项目单位），共 700 余名代表参会。此次培训取得了良好效果。①

（三）亚洲开发银行主导亚洲地区金融领域反腐败立法

亚洲开发银行的反腐败机制，就是在国际社会反腐败呼吁和成员国反腐败诉求的双重推动下产生的。

亚洲开发银行的反腐败机制由反腐败实体规范及程序规范构成。其中，《亚洲开发银行反腐败政策》（以下简称《反腐败政策》）是整个反腐败机制的核心，实体规范及程序规范围绕《反腐败政策》所提出的三个反腐败目标而产生，并根据《反腐败政策》的要求不断修订和完善。具体而言，反腐败实体规范主要包含在亚洲开发银行的贷款规则、采购规则以及反洗钱政策中。这些规则和政策属于国际惯例的范畴，对成员国不具有普遍适用性和强制约束力，但成员国一旦参与亚行援助或资助的项目，就应当遵循亚行的政策。在实体规范出台之后，亚行又制定了相应的内部报告及调查程序，以及制裁程序，以保障规范在区域范围和自身机构内部的实际运作。

亚行的反腐败制度可分为四个部分。①基本制度（政策）：《亚行反腐败政策》；②亚行业务中的反腐败相关制度：《亚行资助投资项目的财务治理与管理指南》《亚行贷款采购指南》《亚行及其借款人使用咨询顾问指南》；③反洗钱制度：《亚行反洗钱政策》；④保障

---

① 亚洲开发银行举办面向相关项目单位的反腐合规政策培训会［EB/OL］.［2023-07-10］. http://gjs.mof.gov.cn/gongzuodongtai2019/gongzuodongtai/202205/t20220523_3812122.htm.

上述制度实施的程序规范：《亚行廉政原则与指南》《亚行行政命令：举证人及证人保护》。这些制度共同组成了亚行反腐败的制度体系。①

三、亚洲基础设施投资银行与反腐败立法研究

（一）亚投行基本情况

亚洲基础设施投资银行（Asian Infrastructure Investment Bank，AIIB，简称“亚投行”），是一个政府间性质的亚洲区域多边开发银行，亚投行已有109个成员单位，成为仅次于世界银行的全球第二大多边开发机构。② 亚投行于2014年10月由中国首次倡议筹建，2015年底成立，2016年1月开业，总部位于北京。其宗旨是通过在基础设施及其他生产性领域的投资，促进亚洲经济可持续发展、创造财富并改善基础设施互联互通；与其他多边和双边开发机构紧密合作，推进区域合作和伙伴关系，应对发展挑战。金立群任首任行长，任期5年。2020年7月28日亚投行第五届理事会年会选举金立群为亚投行第二届行长，第二个任期从2021年1月16日开始。其组织结构：一切权力归理事会，理事会可将其部分或全部权力授予董事会。董事会负责指导银行的总体业务。③

亚投行和世界银行一样，为了确保其贷款或者资助被用于借款目的，制定了《亚洲基础设施投资银行关于禁止性行为的政策》（*Policy on Prohibited Practices*，简称《关于禁止性行为的政策》），其中也规定了亚投行认定的腐败行为、制裁手段和制裁程序等内容。

① 邓云笛. 亚洲开发银行反腐败机制研究［D］. 长沙：湖南大学，2012.

② 亚投行是区域性银行还是世界性银行［EB/OL］.［2023-07-21］. https：//m. cngold. org/bank/xw8019850. html.

③ 亚洲基础设施投资银行［EB/OL］.［2023-07-21］. https：//www. fmprc. gov. cn/web/gjhdq_ 676201/gjhdqzz_ 681964/yzjcsstzyh_ 700178/gk_ 700180/.

（二）亚投行推动反腐败国际合作的探索与贡献

1. 亚投行把反腐败和制度建设放在首位①

亚投行是中国倡导成立的首个多边机构，中国是第一大股东。亚投行把反腐败和制度建设放在首位。

从制度层面看，亚投行董事会针对廉洁建设批准了一系列政策文件，包括《关于禁止性行为的政策》《亚洲基础设施项目影响人群对争议问题的申诉与解决政策》《亚投行采购政策》《亚投行员工行为准则》等，这些文件都是预防和惩治腐败的制度保证。

从机构设置看，亚投行的“纪检委”可以分为三个部门。一是廉政与效益评估局，主要开展项目执行中的反腐败，确保对外项目的贷款中，资金不被挪用，不出现贪腐行为。二是道德风纪办公室，主要监督银行内部，包括董事会成员在内的道德操守和纪律情况。三是内审局，内审局有权审查任何一个部门，任何负责人如果拒绝提供信息或者隐瞒信息，将根据有关规定被除名。

此外，亚投行还积极进行监督与举报制度建设，亚投行网站上设有专页，提供对舞弊和贪腐行为的举报渠道。有相关制度确保投诉得到倾听和处理。亚投行的“纪检委”甚至可以监督行长，如果行长违规违纪，道德风纪办公室可以直接向董事会报告，由董事会作出处罚决定，包括弹劾行长。

目前，亚投行内部已经建立起了一套健全规范的治理体系。良好的公司治理架构令亚投行能够在日常运营中严格践行最高标准的透明度和问责制度。同时亚投行积极同成员国以及国际组织等加强合作，分享廉洁反腐建设的有益经验和成功实践，建立有效的沟通交流

---

① 瞿芃，左翰嫡，侯颗．打造二十一世纪新型多边开发银行：专访亚投行行长金立群［EB/OL］．［2023－07－21］．https：//www. ccdi. gov. cn/toutiao/202007/t20200728_ 222724. html.

机制，共同推动地区和全球可持续发展。

2. 打造精简、廉洁、绿色平台

国家主席习近平于 2015 年出席《亚洲基础设施投资银行协定》签署仪式会见各代表团团长时表示，中国提出筹建亚洲基础设施投资银行，目的是推动亚洲地区基础设施建设和互联互通，深化区域合作，实现共同发展。中国愿同各成员国一道，将亚洲基础设施投资银行打造成专业、高效、廉洁的新型多边开发银行。①

亚投行对腐败持零容忍态度，强调“零腐败”。亚投行采取了严格制度，以保证“零腐败”。所有采购项目都跟有关合作方签署反腐败协议，不允许任何人对对方有任何诉求和向对方索取任何东西。

2019 年 4 月 25 日，中国在第二届“一带一路”国际合作高峰论坛廉洁丝绸之路分论坛上发起《廉洁丝绸之路北京倡议》，这一倡议也得到了亚投行的积极响应。亚投行有关负责人表示：“自成立以来，亚投行在机构建设和项目融资等方面一直秉持廉洁理念，对腐败实行零容忍。我们愿同中国等成员国以及国际组织加强合作，分享廉洁建设的有益经验和成功实践，建立有效的沟通交流机制，共同推动地区和全球可持续发展。”②

作为国际发展领域的新成员，亚投行与亚洲开发银行、世界银行等建立紧密合作，共同参与一些项目的开发，尤其是反腐败项目的开发。

廉洁也是亚投行特别强调的准则，行长金立群坚定地说：“中国政府打击腐败的力度非常大，作为中国人领衔创办的机构，亚投行也一定要把清正廉洁作为一块招牌。”③

---

① 左翰嫡，侯颗. 探访亚投行：精简 廉洁 绿色［EB/OL］.（2020-07-28）［2023-07-21］. https：//www. ccdi. gov. cn/toutiao/202007/t20200728_ 222724. html.

② 左翰嫡，侯颗. 探访亚投行：精简 廉洁 绿色［EB/OL］.（2020-07-28）［2023-07-21］. https：//www. ccdi. gov. cn/toutiao/202007/t20200728_ 222724. html.

③ 俞岚，王恩博. 开业三周年，亚投行打消外界四大质疑.（2019-01-16）［2023-07-21］. https：//news. sina. com. cn/o/2019-01-16/doc-ihqfskcn7556179. shtml.

3. 亚投行反腐败规则研究：以制裁机制为例

制裁机制是多边开发银行为打击其资助项目实施过程中的腐败行为而构建的重要制度。

根据亚投行官网，内容涉及亚投行制裁机制的文件大致有：《亚洲基础设施投资银行协定》（简称《AIIB 协定》）、《亚洲基础设施投资银行禁止行为政策》（简称《AIIB 禁止行为政策》）、《亚洲基础设施投资银行禁止行为政策指令》（简称《AIIB 禁止行为政策指令》）、《亚洲基础设施投资银行主权支持贷款条件通则》（简称《AIIB 贷款条件通则》）、《亚洲基础设施投资银行融资业务政策》（简称《AIIB 融资业务政策》）、《亚洲基础设施投资银行采购政策》（简称《AIIB 采购政策》）、《亚洲基础设施投资银行企业采购指令》（简称《AIIB 企业采购指令》）以及《亚洲基础设施投资银行反洗钱和打击恐怖主义融资指令》（简称《AIIB 反洗钱指令》）等。[①] 其中以《AIIB 禁止行为政策》《AIIB 禁止行为政策指令》最为主要。

《AIIB 协定》是亚投行的纲领性文件，其第 13 条第 9 款规定，亚投行应该采取必要措施保证其提供、担保或参与的融资资金仅用于融资所规定的目标，并应兼顾节约和效率。这可视为亚投行制裁机制的法律渊源。[②]

《AIIB 禁止行为政策》规定了亚投行制裁机制的设立及运作。还对亚投行资助项目的禁止行为及制裁程序等作了详细的规定，包括禁止行为的内容、对涉嫌禁止行为的报告和调查、制裁措施、制裁程序、制裁的实施、证据规则、信息披露以及特殊程序如和解、临时中止和交叉制裁等。《AIIB 禁止行为政策指令》对《AIIB 禁止行为政策》的规定作了进一步阐明和补充。

《AIIB 贷款条件通则》附录对“禁止行为”作了界定。禁止行

① 陈云东，宋子文. 亚投行制裁机制研究［J］. 经贸法律评论，2020（1）：94-107.

② 《AIIB 禁止行为政策》确认了这点：“注意到《AIIB 协定》第 13 条第 9 款的规定，本禁止行为政策的目的是确保银行的财政资助仅用于其所规定的目标。”

为是指任何下列行为：胁迫行为、串通行为、腐败行为、欺诈行为。《AIIB 禁止行为政策》规定了亚投行制裁机制包括七种禁止行为，分别为胁迫行为、串通行为、腐败行为、欺诈行为、资源滥用、阻碍行为和盗窃。其中五种禁止行为与《世界银行反腐败指南》的定义一致。亚投行在世行的基础上加上了滥用资源行为和盗窃行为。其中滥用资源是指不正当使用亚投行资源，对资源的浪费和滥用具有故意或者重大过失；盗窃行为是指不正当持有另一方的财物。这是对世界银行反腐败规则的一个有效补充。

亚投行也建立了完善的欺诈腐败行为举报方式和调查程序。亚投行的《禁止行为政策》规定所有的银行董事会官员和银行工作人员都有义务向效率廉政局和主任委员处报告他们认为值得怀疑的行为。

亚投行设立调查专员，即使调查专员没有获得来自内部或者外部的举报，只要调查专员讨论了被怀疑的禁止行为并且获得了主任委员处或效率廉政局的批准，该调查专员仍然有权力调查该行为。除此之外，亚投行还设立了制裁专家组，该专家组由三名成员组成，由亚投行主席任免。

亚投行禁止行为政策也规定了处罚种类，包括书面批评、资格排除、有条件不排除、有条件解除排除和其他制裁，其他制裁种类包括但是不限于返还贷款、实施罚款等。

综上所述，世行与亚投行反腐败规则高度相似，亚投行在很大程度上引入世行反腐败规则，在一些程序性规定、个别名词解释、专家组人数等方面作了修改，在这些修改中，亚投行充分体现了中国特色。①

① 肖振华. 世界银行反腐败规则研究［D］. 重庆：重庆大学，2020.

第五章　经合组织系统反腐败立法研究

一、亚太经济合作组织与反腐败立法研究

（一）亚太经合组织基本情况[①]

亚太经济合作组织（Asia-Pacific Economic Cooperation，APEC，简称“亚太经合组织”）是亚太地区层级最高、领域最广、最具影响力的经济合作论坛机制。1989 年 11 月 5 日至 7 日，澳大利亚、美国、日本、韩国、新西兰、加拿大及当时的东盟六国在澳大利亚首都堪培拉举行 APEC 首届部长级会议，标志 APEC 正式成立。我国于 1991 年正式加入该组织。

APEC 的宗旨是支持亚太区域经济可持续增长和繁荣，建设活力和谐的亚太大家庭，捍卫自由开放的贸易和投资，加速区域经济一体化进程，鼓励经济技术合作，保障人民安全，促进建设良好和可持续的商业环境。

APEC 现有 21 个成员，分别是澳大利亚、文莱、加拿大、智利、中国、中国香港、印度尼西亚、日本、韩国、墨西哥、马来西亚、新西兰、巴布亚新几内亚、秘鲁、菲律宾、俄罗斯、新加坡、中国台北、泰国、美国和越南。此外，APEC 还有 3 个观察员，分别是东盟

---

① 亚太经济合作组织［EB/OL］．［2023-07-21］．https：//www. fmprc. gov. cn/web/gjhdq_ 676201/gjhdqzz_ 681964/lhg_ 682278/jbqk_ 682280/。

秘书处、太平洋经济合作理事会、太平洋岛国论坛秘书处。

APEC 共有 5 个层次的运作机制。

1. 领导人非正式会议

1993 年 11 月，APEC 领导人非正式会议在美国西雅图首次召开，之后每年召开一次。会议自 1993 年来共举行了 29 次，2020 年和 2021 年，受新冠疫情影响，马来西亚、新西兰以视频方式分别举行 APEC 第二十七次、第二十八次领导人非正式会议。2022 年 11 月，APEC 第二十九次领导人非正式会议在泰国曼谷举行。

2. 部长级会议

部长级会议包括年度双部长会议以及专业部长会议。双部长会议每年在领导人会议前举行一次。专业部长会议定期或不定期举行，包括贸易部长会、财长会、中小企业部长会、能源部长会、海洋部长会、矿业部长会、电信部长会、旅游部长会、粮食安全部长会、林业部长会、结构改革部长会、交通部长会、人力资源部长会、妇女与经济高级别会议、卫生与经济高级别会议等。

3. 高官会

高官会每年一般举行 4 至 5 次，由各成员指定的高官（一般为副部级或司局级官员）组成。高官会的主要任务是负责执行领导人和部长会议的决定，审议各委员会、工作组和秘书处的活动，筹备部长级会议、领导人非正式会议及协调实施会议后续行动等事宜。

4. 委员会和工作组

高官会下设 4 个委员会，即贸易和投资委员会（CTI）、经济委员会（EC）、经济技术合作高官指导委员会（SCE）和预算和管理委员会（BMC）。CTI 负责贸易和投资自由化方面高官会交办的工作，EC 负责研究本地区经济发展趋势和问题，并协调经济结构改革工作，SCE 负责指导和协调经济技术合作，BMC 负责预算和行政管理等方面的问题。各委员会下设多个工作组、专家小组和分委会等机制，进行专业活动和合作。

5. 秘书处

1993年1月在新加坡设立秘书处，为APEC各层次的活动提供支持与服务。秘书处负责人为执行主任，2010年起设固定任期，任期三年。现任执行主任为丽贝卡·玛利亚，于2019年1月就任，2021年连任，任期至2024年12月31日。

APEC采取自主自愿和协商一致的合作方式。所做决定须经各成员一致同意。会议成果文件不具法律约束力，但各成员在政治上和道义上有责任尽力予以实施。

为加强与工商界的联系，1995年成立了APEC工商咨询理事会（ABAC），每位成员推荐3名著名工商界人士组成ABAC，其负责对APEC贸易投资自由化、经济技术合作及创造有利的商业环境提出建议，并向领导人和部长级会议提交咨询报告。ABAC是工商界参与APEC合作的主要渠道，每年召开4次会议。秘书处设在菲律宾马尼拉。

（二）亚太经合组织推动反腐败国际合作与立法的探索与贡献

1. 亚太经合组织反腐败合作与立法的历史演进

近年来，亚太经合组织一直致力于推动各成员国之间在反腐败方面的交流与合作。

2004年，亚太经合组织领导人在智利会议上一致同意合作打击腐败和确保透明度，降低腐败对其经济造成的破坏成本，于是，签署《亚太经济合作组织圣地亚哥反腐败和确保透明度承诺》与《亚太经济合作组织圣地亚哥反腐败与提高透明度行动计划》。在《亚太经济合作组织圣地亚哥反腐败和确保透明度承诺》中，领导人同意推进在引渡、司法协助、赃款追讨等方面的合作；加强单独和联合行动，包括与其他多边和地区政府间机构的合作，打击腐败、保障透明度等。[①] 根据《亚太经济合作组织圣地亚哥反腐败与提高透明度行动计划》，各经济体应建立客观、透明的标准，推进在引渡、相互间法律协助、贪腐款项追讨等方面的地区合作，运用诸如《联合国反腐败公约》、“反洗钱金融行动特别工作组”等倡议的运作机制，共同打击腐败。2005 年，为协调各成员履行上述承诺，APEC 专设了反腐败和透明专家特别小组（Anti-Corruption and Transparency Experts' Task Force，ACT）。2011 年，APEC 又将 ACT 工作制度化，正式升格为反腐败与透明专家工作组（Anti-Corruption and Transparency Experts' Working Group，ACTWG），使其同时致力于加强 APEC 同其他国际组织的互动。[②]

2013 年的 ACTWG 会议上，印度尼西亚提议、各成员国同意由 ACT 主持成立一个反腐败执法合作网络（Network of Anti-Corruption Authorities & Law Enforcement Agencies，ACT-NET），每年召开一次讨论反腐败和反行贿工作的会议。

2014 年 8 月 ACT-NET 在北京举行了首次会议。ACT-NET 的主要职能就是成为亚太经合组织经济体间的一个网络，联结起反腐和执法官员，加强各反腐机构间的非正式合作。ACT-NET 作为地区反腐调查员和检察官沟通交流的一个非正式平台，让他们更容易协商、协作，分享有效的实际经验。分享形式包括讲习班、研讨会等，分享内容包括案例研究、调查技术和调查工具等。会议还规定，ACT-NET 的主席国应由每年主办 ACTWG 会议的经济体轮流担任。工作层面上将会设立一个 ACT-NET 办公室来处理日常行政事务，包括制定一份工作重点清单、为能力建设项目的开展和协调工作提供支持。中国率

---

① 焦东雨. APEC 十年反腐合作都干了些什么？［EB/OL］.［2023-07-21］. http：//m.thepaper. cn/newsDetail_ forward_ 1276653.

② APEC Anti-Corruption and Transparency（ACT）Experts' Working Group，Terms of Reference［EB/OL］.［2023 - 07 - 21］. https：//www. apec. org/Groups/SOM - Steering - Committee - on - Economic-and-Technical-Cooperation/Working-Groups/Anti-Corruption-and-Transparency.

先在2014至2015年间承担主持该办公室的工作。

2014年11月7日至8日，亚太经合组织第26届部长级会议在北京成功召开，并以《联合声明》附件的形式发表了《亚太经济合作组织北京反腐败宣言》（简称《北京反腐败宣言》）。《北京反腐败宣言》是第一个由我国主导起草的国际性反腐败宣言，对引领亚太地区反腐败合作朝追逃追赃等务实合作方向发展具有重要意义。该宣言的主体部分只有8条，集中反映了APEC各成员经济体在反腐败合作方面达成的共识，并明确了加强合作的内容。其主要亮点如下：①加强国际合作和信息共享。宣言呼吁各成员经济体全力推动意在预防、调查、起诉以及惩治腐败犯罪的国际合作，通过更加灵活的手段追回腐败所得，并在适当情况下签署、缔结双边引渡条约和司法协助协定，效法成功范式推进双边反腐败执法合作。同时，要加强有关腐败官员及其非法所得跨境活动的信息共享，从而最大限度地打击腐败、贿赂和非法资金流动。[①] ②建立反腐败执法合作网络。宣言提出将ACT-NET建设成为亚太地区反腐败和执法机构间分享信息与交流经验、技术的非正式合作平台，从而为侦查、起诉腐败、贿赂、洗钱和非法贸易提供便利。ACT-NET隶属于ACTWG，由APEC成员经济体的反腐败和执法机构组成，尤其在打击贪官外逃和非法资金外流方面意义重大。[②] ③鼓励立法以及提高透明度。宣言鼓励各成员经济体倡议、制定、执行旨在打击贿赂的相关法律法规，并根据实际情况不断将其修改完善。同时，呼吁各成员经济体根据其法律，采取一切必要措施落实并提高透明度，包括强化预防腐败机构、制定反腐败政策、鼓励社会参与等。[③] ④通过引渡、司法协助、追回腐败所得等手段消除腐败，设立秘书处负责网络日常运行，鼓励成员缔结双边引

① 周越. 跨国公司商业贿赂的法律规制研究［D］. 上海：华东政法大学，2018.
② 周越. 跨国公司商业贿赂的法律规制研究［D］. 上海：华东政法大学，2018.
③ 周越. 跨国公司商业贿赂的法律规制研究［D］. 上海：华东政法大学，2018.

渡条约和签订司法协助协定。①

2018 年 3 月 20 日至 22 日，亚太经合组织反腐败执法合作网络腐败资产追缴培训班在泰国曼谷举行。来自中国、美国、加拿大、澳大利亚、新西兰等 21 个经济体，联合国毒罪办、世界银行、国际刑警组织、埃格蒙特集团等国际组织的 100 余位代表参加。

2. 亚太经合组织成员反腐败合作的主要法律依据和基础

APEC 反腐败工作主要以《联合国反腐败公约》对各缔约国提出的反腐败要求为基本依据。由于亚太地区区域结构特征与各成员国的政治模式、法律制度和现实状况不同，各国在 APEC 体制下进行反腐败深度合作还存在一定的障碍，APEC 反腐败体制的构建和系统优化还有待加强，需要各成员国共同推进。

目前，APEC 成员间可以用于合作反腐的法律依据和法律基础，大致可以归纳为两类：

第一类是国际条约。在亚太经合组织本身缺乏完整的反腐败共同规则的情况下，国际公约的有关规定对亚太地区反腐败合作机制的设计和建设具有指导意义。目前，亚太经合组织主要遵循两个国际公约：《联合国反腐败公约》和《联合国打击跨国有组织犯罪公约》。

第二类是 APEC 区域性规范。迄今为止，APEC 就反腐败问题已经发布了《亚太经济合作组织圣地亚哥反腐败和确保透明度承诺》《亚太经济合作组织圣地亚哥反腐败与提高透明度行动计划》《亚太经济合作组织符拉迪沃斯托克反腐败与提高透明度宣言》和《北京反腐败宣言》等文件。这些文件都秉持“清正廉洁、提高透明度、社会参与治理腐败”等理念。

① 练泰霖. 论我国海外商业贿赂犯罪的刑事规制 [D]. 上海：华东政法大学，2022.

（三）亚太经合组织主导亚太地区反腐败国际立法

APEC 作为亚太地区最有影响力的区域性合作组织，在反海外腐败方面同样发挥着重要作用。自 2004 年至今，APEC 基于每次领导人会议，发布了一系列反腐败宣言和行动计划，并成立了 APEC 反腐执法合作网络。《北京反腐败宣言》是由中国主导的 APEC 反腐败宣言，在亚太地区产生了重要影响力，这份宣言明确提出“根据各自法律，加强与腐败官员及其非法所得跨境活动相关的信息共享，以最大限度地打击腐败、贿赂与非法资金流动”，这为亚太地区共同打击跨境腐败提供了指南。[①]

二、经济合作与发展组织与反腐败立法研究

（一）经济合作与发展组织基本情况[②]

经济合作与发展组织（Organisation for Economic Co-operation and Development，OECD，简称“经合组织”），是在国际商业、贸易以及国际合作领域有着深远影响的政府间国际经济合作组织，目前有 38 个市场经济国家作为成员国，包括美国、英国以及大部分欧盟国家。其宗旨是共同应对全球化带来的经济、社会和政府治理等方面的挑战，并把握全球化带来的机遇。经合组织成立于 1961 年，总部设在巴黎。经合组织与 100 多个非成员国有着深度合作。中国是非成员

① 宋伟，周磊. 反海外腐败的法律与制度：国际比较与中国方案［J］. 行政管理改革，2020（1）：76-84.

② 经济合作与发展组织［EB/OL］.［2023-07-21］. https：//www. oecd. org/about/members-and-partners/.

国，但与经合组织保持了 20 多年的合作关系，是经合组织关键合作伙伴国家。

经合组织的前身为 1948 年 4 月 16 日由西欧 10 多个国家成立的欧洲经济合作组织。1960 年 12 月 14 日，加拿大、美国及欧洲经济合作组织的成员国等共 20 个国家签署《经济合作与发展组织公约》，决定成立经济合作与发展组织。在公约获得规定数目的成员国议会的批准后，《经济合作与发展组织公约》于 1961 年 9 月 30 日在巴黎生效，经济合作与发展组织正式成立。

经合组织组织结构主要包括秘书处、委员会、理事会等。经合组织秘书处在巴黎的工作人员应经合组织 38 个成员国的要求进行研究和分析工作。成员国的代表与致力于研究重要问题的各委员会会面并交换信息。理事会是经合组织的决策机构。

（二）经合组织推动反腐败国际合作与立法的探索与贡献

1. 经合组织反腐败立法历史演进

经合组织因其职能的特殊性，基于跨国公司投资腐败的案件不断出现，率先着手打击跨国商业腐败犯罪。1976 年 6 月 21 日，经合组织通过并发表了《关于国际投资与多国企业的宣言》，宣言中就有反腐败国际合作的规定。宣言主要针对公司、企业作出规定："不得主动或被动、直接或间接地对任何公职人员或行政官员进行贿赂或给予其他不正当利益。"此后，为适应交易形式的变化，经合组织多次通过有关会议对该宣言进行修正。

1994 年，经合组织批准了数项加强成员国间反腐败合作的建议，敦促成员国采取具体和有意义的步骤，打击国际贸易中的腐败现象，如：《经合组织理事会关于在国际商务交易活动中反行贿公约的修订建议案》（简称"1994 年 OECD 修正案"）。

1996 年，经合组织理事会通过了《经合组织关于行贿外国公职人员课税减扣适用性的建议》，建议成员国修改其本国税法，不得将用于向外国公职人员行贿的资金列为纳税人在核算应纳税所得额时可扣减的项目。之后，所有的经合组织成员国都已经施行或有步骤地将该建议国内化。①

1997 年 5 月，经合组织理事会通过了《经合组织关于打击国际商业交易中行贿行为的修订建议》，呼吁各国采取有效措施共同制止和防治在国际商业交易中行贿外国公职人员的行为。

1997 年 11 月 21 日，经合组织制定的《关于打击国际商业交易中行贿外国公职人员行为的公约》（简称《OECD 反贿赂公约》）正式开放签署，并于 1999 年 2 月 15 日起生效。② 这是经合组织在反腐败过程中具有历史意义的一个公约，被认为是消除国际行贿的一大举措。《OECD 反贿赂公约》规定，任何行贿外国行政官员的行为都属犯罪行为。《OECD 反贿赂公约》要求签约各国制定明确的刑事处罚和经济处罚法规，取消贿金不纳税的规定，同时完善会计和审计制度，规范公共采购制度，等等。③ 《OECD 反贿赂公约》首次要求各签约国起诉向外国政府官员行贿的公司，如同起诉向本国官员行贿的公司。

1997 年 11 月 27 日，经合组织通过了《经合组织禁止在国际商业交易中贿赂外国公职人员公约的注释》。

1998 年 4 月 23 日，经合组织通过了《经合组织公共服务中提高道德行为建议案》。

此后，为巩固公约的实施效果，经合组织理事会又先后通过了

---

① OECD Recommendation on the Tax Deductibility of Bribes of Foreign Officials [EB/OL]. [2023-07-21]. http://www.oecd.org/officialdocuments/displaydocumentpdf/? cote = c (96) 27/final&doclanguage=en.

② OECD: Convention On Combating Bribery of Foreign Public Officials in International Business Transactions and Related Documents [EB/OL]. [2023-07-21]. http://www.oecd.org/corruption/oecdantibriberyconvention.htm.pdf.

③ 李嘉凤. 国际及主要国家反腐败机构与措施简介 [J]. 国际资料信息，2004 (8): 25-34.

《经合组织关于贿赂和官方支持的出口信贷问题的建议》《经合组织关于进一步打击国际商业交易中贿赂外国公职人员行为的税收措施建议》等指导性文件。1994 年设立的 OECD 反贿赂工作组，是负责监督《OECD 反贿赂公约》和相关建议文书执行情况的专门机构。其由公约缔约国代表组成，每年召开四次会议，并在线发布所有国家的监测报告，这种同行评审的反贿赂监测系统，被透明国际喻为监测的“黄金标准”。[①] 截至 2018 年 9 月，已有 44 个国家签署《OECD 反贿赂公约》，其中包括全部 G8 国家（美国、英国、德国、法国、意大利、日本、加拿大、俄罗斯）。该公约在禁止跨国行贿方面发挥了重大作用。

2000 年 6 月 27 日，经合组织通过了《经合组织跨国企业行为准则》。

2003 年 6 月，经合组织通过了《经合组织公共服务中管理利益冲突建议案》。

2006 年 12 月 14 日，经合组织通过了《经合组织贿赂与出口信用建议案》。

2008 年 10 月 5 日，经合组织通过了《经合组织公共服务中加强正值建议案》。

2. 经合组织反腐败立法经典文本分析

在反商业贿赂、反公职人员腐败以及反腐败国际合作的领域，《OECD 反贿赂公约》的作用不亚于《联合国反腐败公约》。

《OECD 反贿赂公约》的主要内容如下：

关于定罪。《OECD 反贿赂公约》第 1 条明确规定了“行贿外国公职人员罪”，该罪名包括两种罪行：①任何人，为在国际商业往来中获得或保留商业利益或其他不当利益，直接或通过中间方向外国公职人员或第三方提议给予、承诺给予金钱或其他利益，以使其在履

① 周越. 跨国公司商业贿赂的法律规制研究［D］. 上海：华东政法大学，2018.

行公务方面作为或不作为。此处的“其他不当利益”系指有关公司无明确资格获得的利益，如违规授予经营许可。但为劝导公职人员履行其职责而支付的小笔疏通费不属于行贿。②共同参与（包括鼓动、协助和教唆）或授意行贿外国公职人员的行为。但若根据某一缔约国法律，该行为未导致进一步行动的授意、鼓动或行为本身不受处罚，则不要求缔约国处罚该行为。①

关于处罚责任。《OECD 反贿赂公约》采用“双罚制”，其第 3 条规定，针对自然人和法人行贿外国公职人员的行为，缔约国除给予刑事或经济处罚外，还应考虑实施民事或行政处罚（幅度与惩罚行贿本国公职人员相当），且缔约国应采取必要措施以使行贿的钱财、收入或价值与此相当的财产被查封、没收或者采用同等效力的货币处罚。除了财产罚外，针对自然人，还应施加人身罚（即剥夺足够的自由权），从而使法律互助和引渡措施有效实施。针对法人，除刑事罚金外，剥夺其享受公共利益或援助的权利、临时或永久性取消其参与公共采购或其他商业活动的资格。②

关于会计要求。《OECD 反贿赂公约》第 8 条要求缔约国针对可能向外国公职人员行贿的公司建立会计制度，即采取必要措施，在其有关账目管理、财务决算披露以及会计、审计标准的法律框架内，禁止此类公司进行账外或性质不明的交易活动、记录未发生的支出和对其对象无正确说明的债务以及使用虚假单据，以贿赂外国公职人员或隐瞒此类行贿行为。一旦公司的账目、记录和财务决算出现遗漏或伪造，其就应受到民事、刑事或行政处罚。③

关于法律援助。《OECD 反贿赂公约》第 9 条明确要求任意缔约

---

① 赵秉志，王志祥，郭理蓉.《联合国反腐败公约》暨相关重要文献资料［M］. 北京：中国人民公安大学出版社，2004：329-330.

② 赵秉志，王志祥，郭理蓉.《联合国反腐败公约》暨相关重要文献资料［M］. 北京：中国人民公安大学出版社，2004：330.

③ 赵秉志，王志祥，郭理蓉.《联合国反腐败公约》暨相关重要文献资料［M］. 北京：中国人民公安大学出版社，2004：331.

国尽最大可能向另一缔约国提供迅速而有效的法律援助。被请求方必须立即将有助于支持该协助请求的任何额外信息或者文件通知请求方，并应其要求知会协助状况和结果。为缩小各缔约国拒绝提供法律互助情形的范围，《OECD 反贿赂公约》规定只要寻求援助的犯罪行为属于《OECD 反贿赂公约》规制范畴，即视为满足双重犯罪的条件，并将银行秘密直接排除在拒绝理由之外。①

关于引渡规则。《OECD 反贿赂公约》第 10 条引渡条款明确表明行贿外国公职人员可予引渡，应将其视为各缔约国法律以及缔约国之间的引渡条约项下可予引渡的犯罪行为。在未签署引渡条约的缔约国之间，请求方可将公约作为引渡行贿外国公职人员犯罪行为的法律依据。此外，《OECD 反贿赂公约》明确规定，不允许缔约国仅以本国公民不引渡为由而拒绝引渡，除非该缔约国将此案提交其主管机关进行起诉，这一规定扩大了各缔约国可引渡主体的范围。②

《OECD 反贿赂公约》是全球首部惩治商业贿赂行贿方的多边法律文件，有利于推动全球反腐败合作制度的完善。该公约在反腐败领域主要有以下突破性进展：

一是该公约首次将行贿即腐败的主体直接确定为“任何人”，扩大了适用范围。

二是强调监视与后续行动。为了确保《OECD 反贿赂公约》能在较长一段时间内保持效力，OECD 建立了相应的监督程序，确保履约效果。

三是 OECD 首次针对国际商业交易中贿赂外国公职人员行为的税收进行了规制，即通过在立法上明确行贿资金的非法减免来达到禁止贿资课税扣减的目的。

---

① 赵秉志，王志祥，郭理蓉．《联合国反腐败公约》暨相关重要文献资料［M］．北京：中国人民公安大学出版社，2004：332.

② 赵秉志，王志祥，郭理蓉．《联合国反腐败公约》暨相关重要文献资料［M］．北京：中国人民公安大学出版社，2004：332.

《OECD 反贿赂公约》被誉为经合组织反腐败行为的基础。经合组织所有成员国和非成员国签署了这一公约，许诺在国际商事交易活动中将贿赂外国公职人员作为犯罪行为，同意贯彻法律、政策和规定来预防、打击、监督、制裁违规行为，加强合作保证公约的有效实施，通过同级评审来监督公约的贯彻。

3. 经合组织就“国际反贿赂建议”提出重大修订

2021 年 11 月 26 日，经合组织通过了对组织内部一份建议书的重大修订——“关于进一步打击在国际商业交易中贿赂外国公职人员的建议”，该建议书旨在大力加强各成员国在国际商务活动中针对商务人士对外国公职人员行贿的全球执法。

重大变化表现在如下五个方面：

第一，增加一章来专门讨论腐败的“需求侧”——政府官员索要（或接受）贿赂。新章分三个层面对“预防与管控政府官员索、受贿”的建议进行阐述，包括对成员国的建议、面向全球各国的迫切呼吁以及关于小额便利费支付的实务性建议。

第二，关于“非审判决议”［如 DPA（延迟起诉协议）的和解程序］的新章节，它提供了第一个关于根据起诉机关与个人或法人（如公司）之间谈判达成的协议以解决外国贿赂问题的国际指南。

第三，对举报人的保护和如何激励合规有了新的规定。经合组织建议各国考虑，具有有效内部控制和合规程序的公司应该在“他们（政府）决定授予公共利益时被给予应有的承认，包括公共补贴、许可证、公共采购合同、由官方发展援助和官方支持的出口信贷资助的合同”。

第四，增加对国际合作和多司法管辖案件处理的指导，包括鼓励“与直接协调同时或并行的调查和起诉”，并“适当注意”同一人在不同司法管辖范围因同一行为而被多次起诉的风险。

第五，对《经合组织内部控制、道德规范和合规方面的良好实践指南》进行了修订。这个新的国际标准是一个非常有用的标准。

从上述建议书的修订更新情况可以看到，国际组织在进行全球反贿赂反腐败的思路上正在逐步向一致化迈进。修订后的建议书将影响深远而持久，极可能导致执法环境发生巨大变化。

4. 经合组织反腐败工作组

经合组织反腐败工作组是一个活跃的反腐败组织，其建立的《OECD 反贿赂公约》专门针对国际商业交易中对外国官员的行贿行为。《OECD 反贿赂公约》对全球国家开放；加入《OECD 反贿赂公约》的缔约国，除了传统上的欧洲、北美的经合组织成员国，还包括巴西、阿根廷等非经合组织成员国。包括中国在内的一些亚洲和拉丁美洲国家，是《OECD 反贿赂公约》的观察员国。

除了公开发布针对缔约国的反腐情况报告，经合组织反腐败工作组的一大工作特色是同行评议。《OECD 反贿赂公约》缔约国，以及要加入经合组织的国家，都要通过同行评议。针对某一个国家的评议人员由三部分组成：反腐败工作组成员，与被评议国家在文化上有联系的国家的代表，以及与其处于不同地域、没有文化关联的国家的代表。①

经合组织的反腐败体系有理由说是有效的，即便它们不具有强制性权力，② 原因在于经合组织反行贿工作组具有很高的工作效率与效能。

① 陆振华. 较量：反腐败条约和组织的全球图景 [N]. 21 世纪经济报道，2013-03-25 (02).

② 陆振华. 较量：反腐败条约和组织的全球图景 [N]. 21 世纪经济报道，2013-03-25 (02).

第六章　世界贸易组织与反腐败立法研究

一、世界贸易组织基本情况①

世界贸易组织（World Trade Organization，WTO，简称“世贸组织”），是一个独立于联合国的永久性国际组织。该组织是当代重要的国际经济组织之一，其成员之间的贸易额占世界的绝大多数。世贸组织成立于 1995 年 1 月 1 日，目前有 164 个成员，总部设在瑞士日内瓦，前身为关税及贸易总协定（GATT）。尼日利亚人恩戈齐·奥孔乔-伊维拉于 2021 年 3 月 1 日起担任总干事，任期至 2025 年 8 月 31 日。

WTO 宗旨是促进经济和贸易发展以提高生活水平、保证充分就业、保障实际收入和有效需求的增长；扩大货物和服务的生产和贸易；根据可持续发展的目标考虑对世界资源的最佳利用，寻求既保护和维护环境，又与各成员在不同经济发展水平的需要和关注相一致的方式；保证发展中国家，特别是最不发达国家在国际贸易增长中获得与其经济发展需要相当的份额。

WTO 组织结构包括部长级会议，总理事会，总理事会下设的货物贸易理事会、服务贸易理事会和与贸易相关的知识产权理事会，专门委员会下设的贸易和发展委员会，国际收支限制委员会，预算、财

① 世界贸易组织［EB/OL］．［2023－08－06］．https：//www. mfa. gov. cn/web/wjb_673085/zzjg_ 673183/gjjjs_ 674249/gjzzyhygk_ 674253/sjmy_ 674535/gk_ 674537/.

务和行政委员会以及秘书处。

WTO 监督多边贸易协议的执行，主持多边贸易谈判，解决贸易争端，审议各成员贸易政策，帮助发展中成员提升贸易能力，与国际货币基金组织和世界银行合作参与全球经济政策的制定。

多哈回合多边贸易谈判于 2001 年启动，是世贸组织成立以来第一轮多边贸易谈判。谈判涉及农业、非农、服务、贸易与发展、贸易规则、贸易与环境、知识产权、争端解决等八大领域。多哈回合自启动以来，在取得一定进展的同时多次陷入僵局，计划结束时间不断延后。由于各方分歧，谈判甚至多次暂停。2008 年 7 月，35 个世贸组织主要成员在日内瓦举行小型部长会，力争就农业和非农谈判模式达成协议，但最终因部分国家在农业特殊保障机制问题上存在重大分歧，谈判破裂。2008 年国际金融危机爆发后，二十国集团峰会和其他重要多边会议多次强调反对贸易保护主义、推动多哈回合谈判尽快取得成功的重要性，为谈判起到了一定的政治推动作用，但 2011 年以来，谈判进展仍旧缓慢。各方仍致力于完成谈判，二十国集团洛斯卡沃斯峰会决定在贸易便利化及有关最不发达国家关切的议题上探寻成果。2013 年 12 月，世贸组织第九次部长级会议在印尼巴厘岛举行，会议达成多哈回合“早期收获”。2014 年 11 月，世贸组织就《贸易便利化协定》的生效、粮食安全及后巴厘工作计划制订问题达成一致，各方将继续就推进多哈回合谈判而努力。2015 年 12 月，世贸组织第十届部长级会议在肯尼亚内罗毕举行，通过《内罗毕部长宣言》及 9 项部长级会议决定，在全面取消农产品出口补贴、关税减让协议等领域取得积极成果。2017 年 12 月，世贸组织第十一届部长级会议在阿根廷布宜诺斯艾利斯举行，会议就渔业补贴、电子商务工作计划、小经济体工作计划等达成部长决定。2022 年 6 月，世贸组织第十二届部长级会议在瑞士日内瓦举行，达成多项成果，包括《关于〈与贸易有关的知识产权协定〉的部长决定》《关于世贸组织新冠肺炎疫情应对和未来疫情应对准备的部长宣言》《渔业补贴协定》《关于紧急应对粮食安全问题的部长宣言》《关于世界粮食计划署购粮免除出口禁止或限制的部长决定》《关于〈电子商务工作计划〉的部长决定》。

二、世界贸易组织推动反腐败国际合作与立法的探索与贡献

尽管腐败行为扭曲国际贸易早已成为国际社会的共识，但在相当长的一段时间里，WTO 对腐败仅扮演着旁观者的角色；① 在 WTO 的各项协定中，除《政府采购协议》外，其余均无反腐败的条款或内容。

在整个 WTO 系统里，代表性的反腐败文件当属 WTO 的《政府采购协议》(GPA)②，GPA 被视为全球贸易的“反腐败协议”。

（一）WTO《政府采购协议》关于腐败防治的相关规定及影响

GPA 是一个开放、公平、非歧视的法律框架，其基本目标是通过扩大政府采购的竞争，促进政府采购透明、客观、经济和高效，从而实现世界贸易的扩大和更大程度的自由化。

GPA 确立了三大原则：一是国民待遇原则和非歧视性原则（各缔约方不得通过拟订、采取或者实施政府采购的法律、规则、程序和

① 马万里. 中国与 GPA 新文本中的反腐规定［J］. 法大研究生，2015（2）：215-228.

② 1979 年，关贸总协定将政府采购纳入贸易投资自由化谈判领域，并制定了《政府采购协议》（又称“1979 年协议”）。当时只有少数发达国家加入协议。之后在乌拉圭会谈期间形成了新《政府采购协议》（又称“1994 年协议”），诸边性质不变。这样一个参加国之间就政府采购法律、规定和惯例等所达成的框架协议，具有非常重要的地位。GPA 分为正文和附录两大部分。正文为协议条款，包括目标、原则、范围、加入谈判程序、对发展中国家的特殊和差别待遇等，共 24 条。截至 2012 年底，GPA 共有 42 个成员，此外，GPA 还有 22 个观察员。其中绝大多数也是发达国家。本书引用的 GPA 条文内容均来自 2012 年中文版。

做法来保护国内产品或者供应商而歧视国外产品或者供应商）；二是公开性原则（各缔约方有关政府采购的法律、规则、程序和做法都应公开）；三是对发展中国家的优惠待遇原则（即有关缔约方应向发展中国家，尤其是最不发达国家提供特殊待遇，如提供技术援助，以照顾其发展、财政和贸易的需求）。其中，第一大原则体现了平等与公平原则，无疑是公正的法律精神之体现；第二大原则体现了政府透明原则；第二大原则体现了正义原则。这三大原则无疑都体现了GPA的合法性。[①] 也正是这三大原则，确保了该协议的腐败防治功能。

具体而言，GPA 有多条规定涉及腐败防治的内容。

“序言”部分指出缔结 GPA 的原因，各参加方已“认识到政府采购透明性措施的重要性，以透明和公正方式实施政府采购的重要性，按照《联合国反腐败公约》等可适用的国际文件避免利益冲突和腐败行为的重要性”，强调在政府采购领域按照《联合国反腐败公约》等可适用的国际文件来“避免利益冲突和腐败行为”是各方共识。

第 4 条“一般原则”特别规定，“采购实体应当以透明和公正的方式进行被涵盖的采购，该方式：（a）应当与本协议一致，使用诸如公开招标、选择招标和限制性招标那样的方式；（b）避免利益冲突；（c）防止腐败行为”。这是再次重申要“避免利益冲突和腐败行为”。

GPA 的第 7 条“公告”（意向采购公告、摘要公告、计划采购公告）、第 15 条“投标文件的处理和合同授予”、第 16 条“采购信息的透明”，都集中地体现了“公开”的原则。第 17 条规定，协议成

---

① WTO 体制下 GPA 的合法性及发展前景：以欧盟和美国 GPA 方案为例［EB/OL］.［2023-08-06］. http：//wenku. baidu. com/link？url=sHA1z5dGGEM7cUPpVAYe434RiMpt3V9den1eRPO0bUo_ 9vnyG6uZGkseO8HxJfgpceYcLXzWpdGVxipXV7rDXutNjhZeKnNV87vnzTjEqnW.

员国应该鼓励本国实体公开本国采购政策，受理非成员国的投标的条件，采购要求和诉讼的条件，保证程序的透明度。这体现的是“透明”原则。

GPA 虽然没有将监督原则列入它的目标之中，但该协议在不少条文中体现了监督的要求，这主要表现在《政府采购协议》第 18 条“国内审查程序”、第 19 条“适用范围的修改和更正”、第 20 条“磋商和争端解决”。

就反腐败而言，加入 GPA，可以使政府采购的透明度和规范性大大增强，有利于节约政府财政支出，有利于反商业贿赂和反腐败；GPA 还规定了公开招标、公平竞争、程序透明、信息披露等竞争机制，使国内外的所有的供应商得到平等的竞争环境，防止政府采购过程中发生钱权交易、收受贿赂的行为，客观上能够抑制与消除腐败；将有助于规范国企采购行为，尽管外国供应商对行贿也非完全免疫，但毕竟受到更严格的法律约束，其在参与国企采购的过程中，尤其通过供应商投诉机制可协助有关机构尽早发现腐败的蛛丝马迹。

总之，竞争、公开（透明）、公平、公正是 GPA 预防与遏制腐败的法宝。

（二）WTO 致力于构建 GPA 透明度制度预防跨国腐败①

WTO 成立了一个专门对政府采购领域透明度等问题进行研究的工作组，并构建 GPA 透明度制度。

提高政府采购程序的透明度，是抑制政府采购领域跨国商业贿赂行为发生的有力措施。就 WTO 透明度原则而言，GPA 要求参加各方公布其有关政府采购的法律、规则、程序和做法。为了保证政府采

① 陈彦龙. 打击跨国商业贿赂犯罪的国际合作研究［D］. 长沙：湖南师范大学，2011.

购中的透明度，GPA 对各参加方政府规定了具体的资料提供义务。

（1）各成员方应当将其与政府采购有关的、普遍适用的任何法律、法规、司法判决、行政裁决和任何其他程序（包括标准合同条款）迅速公布于 GPA 附录 4 所列出的有关刊物上。

（2）各成员方应当用 WTO 的一种官方语言公布采购通知及其摘要。

（3）各参加方应当随时准备在接到请求时向其他参加方或其供应商解释有关政府采购的信息。

（4）各成员方应确保一般不在其采购过程中改变其采购规则。一旦此种改变不可避免，则应保证有满意的补救手段。

同时，政府采购协议规定政府采购的投标程序不能违背非歧视性原则和透明度原则，并在正文中作了详细的规定。

不过，WTO 仅在政府采购的透明度方面采取了措施，并未明确地将跨国商业贿赂行为视为贸易问题予以规制，但国际商事交易中的贿赂和勒索已令人难以接受，自由贸易必须通过公平竞争来进行，缺乏自由竞争的贸易关系对政府和企业都不利。除了构成犯罪外，行贿还可能构成不正当竞争，并引起损害赔偿之诉。① 因此，正如国际商会倡导的，WTO 作为世界最大的国际贸易组织，应“发挥积极作用，因为贿赂和勒索显然是扭曲国际贸易的重要因素”。②

（三）WTO 未来的反腐败政策趋势

国际贸易领域是一个易发生腐败的领域，尤其是海关和政府采购方面极易受到腐败的侵害。腐败阻碍经济发展，增加商品和服务的

① 1999 年修订的国际商会《打击国际商事交易中的勒索和贿赂的行为准则》前言和序言。

② 1999 年修订的国际商会《打击国际商事交易中的勒索和贿赂的行为准则》前言和序言。

贸易成本，破坏 WTO 的主要目标。①

故此，把贸易与反腐败挂钩的议题，在 WTO 内部早已有之。

1997 年，美洲国家组织制定的《利马反腐败宣言》第一次向世界贸易组织发出了解决国际贸易中腐败问题的制度性呼声。②

自 2012 年以来，WTO 反腐败的态度越来越明确，在其争端解决机制中声明对反腐败措施与贸易的关系的立场。修订后的《政府采购协定》《贸易便利化协定》以及世贸组织案例，如哥伦比亚纺织品案，阐明了世贸组织框架内的一些反腐败原则、工具和裁决，形成了反腐败法律与世贸组织贸易规则相互支持，有助于更有效地打击腐败的局面。③

WTO 大多是通过透明度条款间接反腐，或者通过鼓励、劝告加大反腐败力度，但是没有包含反腐败强制机制和制裁措施。④

此外，WTO 在推进《贸易便利化协定》时，在倡导、推进自贸区建设时，会继续强调反腐败。

未来，在 WTO 各协议中加入反腐败专章一定会成为现实。

---

① Luciana Dutra De Oliveira Silveira. Can the WTO Bring More Teeth to the Global Anticorruption Agenda? [J]. Journal of World Trade, 2019, 53 (1): 129-151.

② Luciana Dutra De Oliveira Silveira. Can the WTO Bring More Teeth to the Global Anticorruption Agenda? [J]. Journal of World Trade, 2019, 53 (1): 129-151.

③ Luciana Dutra De Oliveira Silveira. Can the WTO Bring More Teeth to the Global Anticorruption Agenda? [J]. Journal of World Trade, 2019, 53 (1): 129-151.

④ Luciana Dutra De Oliveira Silveira. Can the WTO Bring More Teeth to the Global Anticorruption Agenda? [J]. Journal of World Trade, 2019, 53 (1): 129-151.

第七章　国际刑警组织与反腐败立法研究

一、国际刑警组织基本情况①

国际刑事警察组织（International Criminal Police Organization，ICPO，简称“国际刑警组织”）是仅次于联合国的第二大政府间国际组织，也是世界上规模最大、影响力最强的执法合作组织，还是全球最大的国际警察组织和唯一国际警务合作平台。

1914年4月18日，来自24个国家的警察官员齐聚摩纳哥，召开了第一届国际刑事警察会议，这就是国际刑警组织的最初形态。而后，在1923年9月，这一会议机制演变为正式的国际警察机构——国际刑事警察委员会，并不断发展。虽然委员会在二战时期因被纳粹政权裹挟而面临发展停滞，但战后仍在各国警察机构的支持下继续前行，1956年正式转变为国际刑警组织。

国际刑警组织的宗旨是确保和促进各成员国刑事警察部门在各国现行法律范围内尽可能广泛地互助，构建以国家工作队为基础的广泛打击犯罪的全球网络。国际刑警组织有195个成员，总部在法国里昂。

该组织建立了覆盖全球的加密通信网络，拥有丰富的警用数据

① 国际刑事警察组织［EB/OL］.［2023-08-15］. russiaermbassy. fmprc. gov. cn/wjb_673085/zzjg_673183/gjs_673893/gizz_673897/gjxsjc_674053/gk_674055/.

库资源、以红色通报为代表的各类通报制度，经常性协调开展全球和地区联合执法行动，在有效打击跨国刑事犯罪中发挥着不可替代的重要作用。各国警方依托国际刑警组织平台第一时间发布外逃犯罪嫌疑人的红色通报，展开全球布控，对各类犯罪活动形成了强大震慑。国际刑警组织主席由成员国在职警方负责人经选举后担任，作为该组织最高负责人，负有确保该组织各项活动遵循全体大会和执行委员会的各项决议、指导和监督秘书长工作等职责。

组织机构主要有：①全体大会。该组织的最高权力机关，由各成员国委派代表组成。②执行委员会。主要任务是监督大会决议的实施、拟定全体大会日程和观察员名单、向大会提交工作计划和方案、监督管理总秘书处日常工作和行使大会授予的其他职能。③总秘书处。总秘书处由秘书长和该组织的警务、文职人员组成，负责执行大会和执行委员会的决议、协调各国警察部门的活动、组织有关警察专家研讨会和专题讨论会、编辑出版各种刊物和资料、通缉作案逃犯和通报被盗物品等。④国家中心局。国际刑警组织在各国的常设机构，由各国自行指定的警察机构组成。它既是各成员国的一个警察部门，依法承担本国的警察职能；又是国际刑警组织的法定机构，在国际范围内代表本成员国履行联络和执法合作事务的职责。⑤文件管理委员会。2008 年其成为刑警组织正式机构，功能是确保组织对个人信息处理符合组织相关规章制度，其履职享有高度独立性，可依据需要调阅相关资料。⑥顾问。由执行委员会委任，主要负责应询刑警组织有关科学方面的事务。

国际刑警组织章程规定，国际刑警组织不是超国家的权力机构，而是一个开展国际警务合作的协调平台，它是一个建立在政府间国际公约之外的、非正式的合作平台，其内部规则是非约束性的。[①] 在

① Mario Savino. Global Administrative Law Meets “Soft” Powers: The Uncomfortable Case of Interpol Red Notices [J]. New York University Journal of International Law and Politics, 2010 (2): 263-336.

不违背成员国本国法律的前提下，国际刑警组织通过整合犯罪信息、制定应对策略、搜集犯罪证据、缉捕和引渡重要犯罪分子等措施打击跨国犯罪。①

国际刑警组织针对的跨国犯罪类型非常广泛，既包括恐怖活动、走私毒品、走私军火、贩卖人口、绑架、谋杀等暴力犯罪，也包括诈骗、走私、贪污、贿赂等经济犯罪。各成员国在国际刑警组织的框架下，针对章程规定的跨国犯罪类型，可以开展多层次、多渠道的交流与合作，合作方式主要包括“直接合作与间接合作、双边合作与多边合作、专案合作与战役合作以及联络员制与定期会谈制”②。

在全球安全治理中，联合国一直以来扮演着领导者、召集者和推动者的角色，③ 无可撼动的领导地位使其成为公认的规范、理念和价值建构者。④ 对比之下，国际刑警组织作为专门性国际组织，在持续致力于获得联合国认可的同时，更多地将自身角色定位为协调者和服务者，保持谦逊、谨慎的态度。⑤

二、国际刑警组织推动反腐败国际合作的探索与贡献

反腐败是国际刑警组织的重要工作领域，在反腐败跨境追逃方

① Nadia Gerspacher. The Roles of International Police Cooperation Organizations: Beyond Mandates, Toward Unintended Roles [J]. Europan Journal of Crime, Criminal Law and Criminal Justice, March 2005 (13): 413-434.

② 高智华. 国际刑警组织的发展脉络与运作机制 [J]. 中国人民公安大学学报（社会科学版），2008 (3): 101-106.

③ 王君祥. 非传统安全犯罪治理问题研究 [M]. 北京：中国法制出版社，2017: 109.

④ 菲尔·威廉姆斯，格里高利·布丹-奥哈勇. 全球治理、跨国有组织犯罪和洗钱 [M] //戴维·郝尔德，安东尼·麦克格鲁. 治理全球化：权力、权威与全球治理. 曹荣湘，龙虎，等，译. 北京：社会科学文献出版社，2004: 166-169.

⑤ 曹旭. 国际刑警组织发展面临的挑战及对策研究：以全球安全治理为视角 [D]. 北京：中国人民公安大学，2019.

面，国际刑警组织通过协助侦查、发布通报以及引渡、遣返腐败分子等措施为缉捕外逃腐败分子提供协助。[①] 但是国际刑警组织不具有执法权，执法仍是各个主权国家的权利。

（一）红色通缉令

国际通报是“国际刑警组织为了缉捕、查明罪犯或发现相关线索，请求各成员国进行协助的一项国际侦查措施”[②]，是国际刑警组织协助成员国侦查、缉捕犯罪分子所采用的通常方式。国际通报根据成员国的请求由国际刑警组织秘书处负责发布，根据内容的不同和轻重缓急，以通报右上角国际刑警组织徽标的颜色做区分，分为红、绿、蓝、黄、黑、白、紫七种，红、绿、蓝、黄、黑五种通报针对的是人，白、紫两种通报针对的是物和其他情况，其中，最被熟知的当数红色通报，俗称“红色通缉令”。根据目的的不同，红色通报又可细分为要求对逃犯进行起诉和要求逃犯服刑两种。红色通缉令是唯一可以对被通缉的人实施拘捕并进行引渡的通报。[③]

红色通缉令与逮捕和引渡有关，它具有一定的执行效力，接受红色通缉令的成员国可以据此对被通缉的人实行逮捕和拘留。但是，这种跨境追逃的方式，并没有赋予追逃国在其他成员国开展调查和强制逮捕的权力，相关工作仍有赖于逃往国警察部门，所以其并未侵犯逃往国的司法主权，比较容易被逃往国所接受。[④] 而且，逃往国警察部门对当地环境较为熟悉，也便于利用当地资源开展缉捕工作，从而

① 殷超峰. 中国反腐败跨境追逃国际合作问题研究［D］. 重庆：西南政法大学，2018.

② 王波. 国际刑警组织实践中的引渡与遣返研究［J］. 山东行政学院学报，2013（5）：120-122.

③ 殷超峰. 中国反腐败跨境追逃国际合作问题研究［D］. 重庆：西南政法大学，2018.

④ Nina Marino，Reed Grantham. Wanted by Interpol：Strategic Thinking About Red Notices，Diffusions，and Extradition［J］. Criminal Justice，2015（3）：4-10.

提高工作效率。[①]

2016 年，中国通过国际刑警组织渠道办理案件 2837 起，其中外方向中方求查 2542 起，中方向外方求查 295 起；提交国际刑警组织红色通报 612 份；办理刑事司法协助案件 257 起。[②] 在与国际刑警组织的通力合作下，中国的反腐败国际追逃追赃工作一直稳步推进，将涉嫌犯罪外逃国家工作人员、重要腐败案件涉案人等收归法网，使其受到应有的制裁。

红色通缉令如今已经得到世界上大多数国家的认可，实践证明它是跨境追逃的有效手段，但是，这并不意味着接受通报的国家必须对被通缉的人实施拘捕并进行引渡，因为红色通缉令不具备法律强制力，只要求成员国协助调查，并没有强制缉拿要求，所以，最终决定权仍在各成员国自身。[③]

一般而言，成员国在接到红色通缉令后，会侧重本国利益，优先考虑是否符合本国法律规定，现实操作中也有成员国拒绝执行逮捕或引渡的案例。所以，红色通缉令是否发挥效力，在相当程度上依赖于国家间的互信合作关系，这是红色通缉令的局限所在。[④]

（二）引渡

引渡是指“一国把在该国境内而被他国追捕、通缉或判刑的人，

① 翟悦．境外追逃追赃国际警务合作机制研究［D］．大连：大连海事大学，2015：82.

② 我国每年通过国际刑警组织渠道相互协查案件 3000 起［EB/OL］．［2023-08-15］．http：//news．xinhuanet．com/2017-09/26/c_1121725796．htm.

③ 如，红色通报在美国无法作为直接缉捕犯罪嫌疑人的依据。另外，加拿大、日本不认可红色通报的依据作用，如需日本警察部门逮捕在逃犯，需要通过外交渠道向日本司法部门递交正式的临时拘捕逃犯的请求。

④ 鉴于这种情况，红色通缉令催生了地区性的司法合作，如英联邦国家间的签注逮捕令，一国的逮捕令在英联邦有效。欧洲逮捕令也是在欧盟具有绝对法律效力的司法程序，无须启动引渡程序即可将外逃罪犯逮捕归案，欧盟各国在 2013 年签发了 3 万份欧洲逮捕令。参见：刘沧州．国际刑警组织：跨国犯罪的克星［N］．新金融观察，2015-02-16（10）.

根据有关国家的请求移交给请求国审判或处罚”[①]。

引渡是国际刑事司法合作中出现最早、使用频率最高的措施，是国家之间打击跨国犯罪的有效形式。在国际刑警组织框架下，大部分的国际警务合作都会进行到引渡的阶段。引渡是国际刑警组织开展合作的重要内容，但国际刑警组织没有成员国强制性引渡的义务性规定，国际刑警组织只能为引渡的顺利进行提供各种便利条件。在成员国之间不存在引渡条约的情况下，红色通缉令作为一项临时缉捕措施，不能据此对接受红色通缉令的成员国产生强制性的引渡义务。但是，鉴于红色通缉令已经得到很多国际组织和绝大多数国家的认可、接受，国际刑警组织所发布的红色通缉令具有一定的权威性，虽无强制执行力，但仍会对各成员国之间开展引渡合作起到促进作用。

在国际刑警组织参与的引渡合作中，从前期的申请、中间的磋商到最后的移交，国际刑警组织都可以发挥积极作用。

越来越多的国家重视国际刑警组织在促成引渡合作方面的重要作用，并将其作为可加以利用的重要平台。

（三）移民遣返

在中国学界，移民遣返与异地追诉、劝返一道被称为“引渡替代措施”。[②] 移民遣返在双方之间不存在引渡条约或有其他引渡障碍时，往往能发挥重要的作用。

移民遣返，本质上属于一国的国内行政或司法行为。移民遣返由本国移民主管机关依据本国国内法执行，是一国的国内管理事务。所

① 王铁崖. 国际法［M］. 北京：法律出版社，1995：134.

② 欧盟国家从 2004 年开始在其内部告别了传统的引渡制度，代之以相互承认和执行成员国司法机关签发的逮捕令制度，被判刑人移管合作和刑事诉讼移管合作的需求大增。参见：黄风. 国际刑法学：老学科焕发新活力——读贾宇教授的《国际刑法学》有感［J］. 法学评论，2006（4）：159.

以，在跨境追逃中，移民遣返不涉及一国司法主权的“让渡”，相较引渡而言，更容易获得被请求国的理解和同意。在全球化背景下，国家间的信息交流往往成为跨境追逃顺利开展的关键因素，执法合作和情报共享的作用凸显，移民遣返已经成为反腐败跨境追逃国际合作的重要形式。[①]

现阶段，国际刑警组织通过资源整合和制度建设，在这方面取得了长足进步。很多国家通过国际刑警组织的信息传递和沟通，往往能够顺利启动移民遣返程序并最终实现遣返。

国际刑警组织在跨境追逃中发挥了重要作用，1988 年中国通过国际刑警组织顺利将潜逃在多哥的腐败分子胡正光、杨苑琛押解回国以来[②]，一直致力于利用国际刑警组织提高国际警务合作水平。[③]通过一系列的举措，中国国际警务合作的规范化和制度化取得长足进步，国际警务合作的成效也日趋显著。

三、全球反腐败执法合作与规则制定

成立以来，国际刑警组织使全球各国的警察真正连接到一起，很多国家的执法合作工作就发源于国际刑警组织国家中心局在其国内的设立。国际刑警组织构建的合作机制极大地减少了开展国际执法合作的不确定性，成为后来许多执法合作类国际组织的范本，更为其

① 巴西奥尼. 国际刑法导论［M］. 赵秉志，等，译. 北京：法律出版社，2006：311.

② 1988 年，福建省外贸总公司驻多哥公司经理胡正光、副经理杨苑琛携 300 多万美元潜逃，在当地藏匿。国际刑警组织中国中心局与多哥警方联系，取得对方支持后，同年 9 月以国际刑警组织中国中心局名义派出民警赴多哥缉捕押解二人。多哥警方按中国的逮捕令将胡、杨二人缉捕羁押并协助联络从法国转机事宜，并派警员协助中方将二人顺利押解到中国。

③ 殷超峰：中国反腐败跨境追逃国际合作问题研究［D］. 重庆：西南政法大学，2018：53-54.

他双边、多边执法合作机制的建立提供了经验启示，在一定程度上促成了国家间执法合作的开展。发展至今，国际刑警组织仍在不遗余力地促进全球范围内各成员国执法合作能力的提升，是当之无愧的全球执法合作引领者。①

从国际刑警组织近年来配合中国追逃追赃的历史来看，国际刑警组织是当之无愧的反腐败执法合作的引领者。

党的十八大至二十大期间，“天网行动”共追回外逃人员 10668 人，追回赃款 447.9 亿元，“百名红通人员”已有 61 人归案，新增外逃腐败分子数量大幅下降，从根本上扭转了腐败分子“贪了就跑、跑了就了”的状况。② 这离不开国际刑警组织的配合与支持。

作为执法合作国际规制的构建者，国际刑警组织不断优化执法合作国际规制，既需要维护好现有的工具与机制，也需要根据形势发展而有所创新。③ 国际刑警组织在过去几年中着重强化了档案管理委员会的职能，以通过新的《档案管理委员会章程》的形式对其权力、结构、组成、决策过程和独立性进行了改革，吸纳具有法律专业知识的有关人员进入审查部门，对作出裁定的时间期限进行硬性规定，这说明国际刑警组织在红色通报使用方面能够越来越好地坚持程序正当和无罪推定原则。在此基础上，国际刑警组织还需进一步完善红色通报的审查、救济和问责机制。④

① 曹旭. 国际刑警组织发展面临的挑战及对策研究：以全球安全治理为视角［D］. 北京：中国人民公安大学，2019.

② 李鹃. 广安观潮丨敢于斗争善于斗争 坚定不移追逃追赃［N］. 中国纪检监察报，2023-03-22（03）.

③ 曹旭. 国际刑警组织发展面临的挑战及对策研究：以全球安全治理为视角［D］. 北京：中国人民公安大学，2019.

④ 曹旭. 国际刑警组织发展面临的挑战及对策研究：以全球安全治理为视角［D］. 北京：中国人民公安大学，2019.

第八章　世界海关组织与反腐败立法研究

一、世界海关组织基本情况

世界海关组织（World Customs Organization，WCO）是目前世界上唯一独立的政府间的多边国际海关组织，1952 年在比利时首都布鲁塞尔成立，当时称为海关合作理事会。理事会每年 6 月举行一次会议，通常在布鲁塞尔，但每三年有一次会议在布鲁塞尔以外的地方举行。

1994 年，为了更明确地表明该组织的世界性地位，海关合作理事会年会通过了一项有关为该组织取一个工作名称的议案。因此，该组织获得了一个工作名称，即“世界海关组织”。

WCO 的使命是提高各成员海关工作效率，促进各成员在海关执法领域的合作。其工作目标是“实现海关制度最大程度的协调与统一”。

为实现其宗旨与目标，WCO 主要通过开展三个方面的活动来推动：

一是制定国际海关公约、标准和工具。WCO 框架下的公约、标准和工具几乎涵盖了海关业务、技术和管理的各个方面，廉政是其中的重要方面。

二是为成员海关提供交流和分享的平台。

三是开展能力建设活动。

如：在制定国际海关公约方面，WCO 成立以来，先后制定了《关于设立海关合作理事会公约》、《海关商品估价公约》、《海关税则商品分类目录公约》、《关于包装用品暂准进口海关公约》、《关于专业设备暂准进口海关公约》、《关于货物凭 ATA 报关单证册暂准进口海关公约》、《关于海员福利用品海关公约》、《关于科学设备暂准进口海关公约》、《关于教学用品暂准进口海关公约》、《关于在展览会、交易会、会议等事项中便利展出和需用货物进口海关公约》、《关于简化和协调海关业务制度的国际公约》（简称《京都公约》）、《关于协调商品名称及编码制度国际公约》（简称《HS 公约》）、《关于防止、调查和惩处违反海关法行为的行政互助国际公约》（简称《内罗毕公约》）、《海关暂准进口公约》等多个国际海关公约。[①]

二、世界海关组织推动反腐败国际合作与立法的探索与贡献

海关在打击走私与便利自由贸易流通中起着十分重要的作用。海关特殊的职能决定了其将始终处于腐败高风险中。世界海关组织前秘书长达内曾在海关廉政论坛上坦言：世界上几乎没有一个公共机构像海关那样具有容易出现腐败的先决条件，垄断的行政管理权与广泛的自主管理权相结合，在缺乏完善的监督管理机制与责任机制的工作环境下，极易诱发腐败现象。受到腐败侵蚀的海关将无法发挥其职能作用，其负面影响将会对整个社会产生危害。[②]《海关合作

① 世界海关组织（WCO）［EB/OL］.［2023－08－20］. https：//supplier. alibaba. com/article/CTG98AZRC2P. htm.

② Leonid Lozbenko. Customs Integrity Issues［R］. The 9th International Anti-Corruption Conference，1990.

理事会关于海关廉政的宣言》（简称《阿鲁沙宣言》）也指出："全球海关都面临廉政的考验，如果没有有效的监督制约机制，海关的权力滥用和不廉洁是不可避免的。"[①] 这成为加强海关反腐败廉政建设的动力。20 世纪 90 年代开始，世界海关组织高度重视各国海关反腐败廉政建设。

（一）WCO 反腐败立法的历史演进

根据 WCO 自身的总结，其反腐败立法的演进大致可划分为三个时期或阶段。

1. 20 世纪 80 年代至 90 年代中期：从禁忌到原则确立[②]

这一时期，完成了廉政和腐败从讳莫如深的禁忌话题到国际海关廉政的基本原则确定的转变，并通过了里程碑式的《阿鲁沙宣言》。

20 世纪 80 年代，腐败还是禁忌话题，公开讨论并正视的国际氛围尚未形成。[③]

进入 20 世纪 90 年代，国际上对廉政的认识和关注发生重大的历史转折。海关作为国际贸易环节中的关键政府部门，其低效和腐败已饱受诟病，在新的国际舆论中，海关腐败被置于"聚光灯下"。在此背景下，WCO 也认识到腐败问题已成为困扰海关提高效率和发挥效能，实现政策目标的重大障碍。因此，国际海关界有必要宣示反腐的决心，探索廉政建设的共性原则。

1993 年，经过反复酝酿和完善，WCO 通过并发布了《阿鲁沙宣言》，强调海关廉政建设的原则、标准与重要性。

---

① 世界海关组织为推动各成员国廉政建设工作于 1993 年制定的指导性文件。

② 张树杰，马永飞，李明洋. 世界海关组织反腐标准及借鉴意义［J］. 中国市场，2013（19）：51-56.

③ 张树杰，马永飞，李明洋. 世界海关组织反腐标准及借鉴意义［J］. 中国市场，2013（19）：51-56.

1993 年，世界海关合作理事会通过的《世界海关组织声明》也是一份反腐败文件。

2. 20 世纪 90 年代中期到 21 世纪初：正视并完善原则①

20 世纪 90 年代以来，海关廉政议题受到热议，成员海关逐步采纳并落实《阿鲁沙宣言》确定的相关原则，廉政问题得到国际社会、商界的充分关注。

《关于简化和协调海关业务制度的国际公约》（简称《京都公约》）的修订推动了全球海关现代化。1994 年，也即《阿鲁沙宣言》通过后的第二年，WCO 决定修订《京都公约》，历时 5 年，于 1999 年通过《经修正的京都公约》，该公约被认为是现代海关的蓝图。其中确立的现代化建设原则对廉政问题的认识达到新的高度，即廉政问题不仅仅是内部管理和人员素质问题，廉政问题还与海关业务紧密交织和交互。没有廉洁高效的队伍建设，海关管理不可能高效，同理，没有海关制度的协调、统一和简化，海关廉政建设不可能深入。

2002 年，WCO 制定了《关于海关廉政的承诺》（简称《马普托宣言》）。

2003 年，WCO 修订了《海关合作理事会关于善治与海关廉政的宣言》（简称《经修订的阿鲁沙宣言》）。该宣言吸纳了成员海关的意见反馈，融入了国际上廉政建设的原则，对原来确定的原则进行充实和完善，更强调海关廉政建设与海关现代化建设的两面一体性，更凸显廉政建设、队伍建设和业务建设的融合。

3. 2003 年以来：推动机制化与能力建设②

2003 年，WCO 除制定《经修订的阿鲁沙宣言》外，还制定了

① 张树杰，马永飞，李明洋. 世界海关组织反腐标准及借鉴意义［J］. 中国市场，2013（19）：51-56.

② 张树杰，马永飞，李明洋. 世界海关组织反腐标准及借鉴意义［J］. 中国市场，2013（19）：51-56.

《廉政建设指南》和《廉政最佳做法手册》；2005 年，WCO 制定了《海关职业道德和行为准则范本》；2007 年，WCO 制定了《阿拉木图海关廉政决议》（简称《阿拉木图决议》）。我们可以判定，自 2003 年以来，WCO 廉政议题的发展趋势更为机制化和注重能力建设。

首先 WCO 设立了专门的廉政分委会，自 2003 年以来，其每年举行一次会议，对各成员海关的廉政建设经验进行分享，同时制定相应的标准和工具，推荐给成员海关实施和应用，每个成员海关都可考虑参加并向秘书处建议讨论议题和会议议程。

其次，在国际海关能力建设的推进中，WCO 发布并完善了一系列涉及廉政的标准与工具，在全球、地区和国别层次开展了相关活动，有力地推动了《经修订的阿鲁沙宣言》的实施。

海关廉政议题从 20 世纪 80 年代进入公众视野，历经三十多年的演进发展，从禁忌到公开，从零散到系统，已成为 WCO 七大关注主题之一。WCO 不断提高透明度，将与廉政相关的信息资料放在网站上，完全开放，让成员海关、伙伴机构和公众都参与到讨论中来。

（二）WCO 海关廉政计划研究

21 世纪以来，尤其是 2003 年 WCO 启动国际海关能力建设计划以来，WCO 逐步将其廉政框架下的工作与活动整合为“廉政计划”（integrity program），从“议题”改为“计划”，不仅仅是名词的更新，而且说明其更注重系统性和行动导向，关键是以《阿鲁沙宣言》为基础，陆续制定推出了系统化的廉政标准与工具。

WCO 的廉政标准与工具，按性质主要分为两类：一是确立廉政原则与标准的宣言，主要是以 1993 年通过的《阿鲁沙宣言》为基础，以 2003 年通过的《经修订的阿鲁沙宣言》为里程碑，《马普托宣言》和《阿拉木图决议》则是在地区和次区域层次落实《阿鲁沙宣言》的政策文件。二是为帮助成员实施《阿鲁沙宣言》而制定的能力建设参考工具，重点是《廉政建设指南》。这些文件以《经修订的阿鲁沙宣言》为中心，构成了 WCO 海关廉政标准与工具体系。

2003 年之后，廉政的重要性和原则在海关现代化另外两个里程碑文件中得到重申。首先是 2005 年通过的《全球贸易安全与便利标准框架》，其从全球贸易链安全与便利的角度，再次确认廉政是基础和保证；2008 年通过的《21 世纪海关》，将海关廉政作为未来海关建设的十大基本要素之一，要求成员积极落实《阿鲁沙宣言》的要素和内容，对腐败要实行“零容忍”的政策。

WCO 明确表示，各个成员都可根据自己的需求和情况采纳标准，利用 WCO 制定的标准与工具制定自己的廉政制度，WCO 可以给成员提建议。在任何情况下，WCO 的标准与工具都不构成成员的义务，但成员可以从学习借鉴国际惯例和最佳做法中获益，可以从国际舞台上的讨论中增进认识，可以通过 WCO 的平台加强廉政建设国际合作。

（三）WCO 主导国际海关领域反腐败立法

为加强海关反腐败廉政建设，减少海关腐败犯罪现象，世界海关组织陆续推出了三个宣言：1993 年《阿鲁沙宣言》、1994 年《哥伦比亚宣言》和 1997 年《利马宣言》。这三个宣言表明世界海关组织成员对海关系统腐败给经济所带来的负面影响、关系海关廉政问题的“12 个要素”① 等达成了共识。

2003 年 6 月，WCO 理事会第 102 次会议通过了对《阿鲁沙宣言》的修订，同时也修订了《廉政建设指南》，以此作为成员海关廉

① 《阿鲁沙宣言》中的 12 个既相互制约，又相关联的要素：①行政规定最少化；②透明度；③自动化操作；④战略职位分离，轮岗和交流；⑤管理责任/义务；⑥审计；⑦团队精神和文化道德修养；⑧录用和选拔；⑨行为规范；⑩职业培训；⑪优厚的报酬；⑫同社会中介和工商界的关系。

政建设的评估标准和行动指南。新修订的《阿鲁沙宣言》强调了海关领导在防止腐败中的重要责任、海关通过制度与程序减少腐败机会、海关人员行为规范、海关与商业团体包括咨询机构的战略伙伴关系等方面的内容。WCO 的反腐败立法对各国海关领域的反腐败立法具有非常重要的示范作用与指导意义。

第九章　二十国集团与反腐败立法研究

一、二十国集团基本情况[①]

二十国集团（Group of 20，G20）由七国集团财长会议于 1999 年倡议成立，最初为财长和央行行长会议机制。2008 年国际金融危机爆发，11 月 G20 于美国华盛顿召开第一次领导人峰会。2009 年 9 月举行的匹兹堡峰会将 G20 确定为国际经济合作主要论坛，属于政府间国际组织。

G20 由中国、阿根廷、澳大利亚、巴西、加拿大、法国、德国、印度、印度尼西亚、意大利、日本、韩国、墨西哥、俄罗斯、沙特阿拉伯、南非、土耳其、英国、美国以及欧盟等二十方组成。

G20 成员涵盖面广，代表性强，其构成兼顾了发达国家和发展中国家以及维持了不同地域利益的平衡，成员人口占全球的 2/3，国土面积约占全球的 60%，国内生产总值占全球的 85%，贸易额占全球的 80%。

G20 峰会采用协调人和财金渠道双轨筹备机制，按照协商一致原则运作，目前无常设机构。

G20 迄今已举行过 18 次峰会、2 次特别峰会和 1 次全球健康峰

① 二十国集团［EB/OL］.［2023-08-22］. https://www.mfa.gov.cn/web/gjhdq_676201/gjhdqzz_681964/ershiguojituan_682134/jbqk_682136/.

会，主要讨论全球重大经济金融热点问题，为推动世界经济复苏及国际金融体制改革作出重要贡献。每次 G20 峰会前不定期举行协调人会议及财长和央行行长会，以及贸易、劳工就业、农业、能源、数字经济、卫生等专业部长会议。

2016 年 9 月 4 日至 5 日，G20 领导人第 11 次峰会在中国杭州举行，峰会以构建创新、开放、联动、包容的世界经济为主题，国家主席习近平出席峰会并致开幕辞。峰会发表了《二十国集团领导人杭州峰会公报》和 28 份具体成果文件。

二、二十国集团推动反腐败国际合作的探索与贡献

二十国集团作为全球经济治理平台，历次峰会均将反腐败工作作为重要议题进行讨论，并在推进反腐进程、协调反腐行动、建立反腐机制等方面取得许多合作成果。

（一）G20 峰会反腐败议题的确立与反腐败立法的发展

从 2008 年起，G20 每年举行领导人峰会，由轮值主席国设置峰会议题，研究时下国际热点问题。

因为反腐败国际形势的需要，G20 从 2013 年第 8 次领导人峰会开始重视反腐败领域的国际合作。

2013 年 9 月 5 日，二十国集团在俄罗斯圣彼得堡举行领导人第 8 次峰会。峰会发表了《二十国集团圣彼得堡峰会领导人宣言》，批准了《G20 反腐败行动计划》等文件。

2014 年 11 月 15 日至 16 日，二十国集团领导人第 9 次峰会在澳大利亚的布里斯班举行。在本次峰会上，加强反腐败国际合作成为一

个世人关注的重要议题。[①] G20 发布了《二十国集团领导人布里斯班峰会公报》，核准了《二十国集团 2015—2016 年反腐败行动计划》，同意采取行动建设反腐败合作网络，包括加强司法协助、返还腐败资产、拒绝为腐败官员提供避罪港。

2016 年 9 月，二十国集团领导人第 11 次峰会在中国杭州举行。G20 领导人一致批准通过《二十国集团反腐败追逃追赃高级原则》《二十国集团 2017—2018 年反腐败行动计划》等重要反腐败成果文件，在华设立 G20 反腐败追逃追赃研究中心，提出要大幅减少任何形式的腐败和贿赂，加大腐败资产的追缴力度，扩大腐败资产的追缴范围。

2018 年 11 月 30 日至 12 月 1 日，二十国集团领导人第 13 次峰会在阿根廷布宜诺斯艾利斯召开。峰会通过《布宜诺斯艾利斯宣言》，其中 G20 领导人就加强反腐败合作达成重要共识，同意新的行动计划（2019—2021 年），核准《国有企业预防腐败和确保廉洁高级原则》和《公共部门预防和管理利益冲突高级原则》。

2021 年 10 月 30 日至 31 日，二十国集团领导人第 16 次峰会在意大利首都罗马以线上线下相结合的方式举行。峰会通过了《二十国集团领导人罗马峰会宣言》。该宣言重申 G20 在公私领域反腐败中秉持零容忍态度、在国际反腐败斗争中实现共同目标的承诺，通过《二十国集团 2022—2024 年反腐败行动计划》。[②]

在历次 G20 领导人峰会上，中国实现了从力挺加强国际反腐败合作，到积极推动实质性合作，到逐步为国际反腐败合作贡献“中国方案”的转变。

---

① 赵欣. 二十国集团：为反腐败国际合作提供助力［N］. 光明日报，2014-11-15（08）.

② 二十国集团领导人第十六次峰会通过《二十国集团领导人罗马峰会宣言》［N］. 人民日报，2021-11-01（02）.

（二）G20 反腐败原则①

G20 反腐败国际合作的宗旨是保障国际经济公平竞争秩序，实现全球经济复苏，推动形成一个协调管辖、畅通机制、共享成果、高效合作的专业性反跨国商业贿赂长效运行机制。为更务实推进反腐败国际合作与规则制定，G20 制定了反腐败原则，内容如下：

尊重主权原则。尊重国家主权原则是进行国际合作的重要原则，也是前提条件。G20 成员国之间法律地位平等，某一国家受到跨国商业贿赂犯罪侵害时，只能请求他国帮助，而不能任意在他国进行刑事诉讼活动。

平等互惠原则。国际刑事司法合作以双边条约、多边协定或国际公约为依据，但在具体实践中，在没有相应条约、协定或公约规定的情况下，也可以按照互惠原则进行合作。

务实高效原则。跨国犯罪的查办，需要花费大量的人力、物力和财力，需要体现合作的效益原则。《二十国集团 2017—2018 年反腐败行动计划》就明确将“务实合作”列为未来两年内 G20 反腐败的首要合作领域以及反腐败工作组的重点工作。

通力合作原则。G20 涉及五大洲、二十方成员、两大法系，即使是同一法律体系的不同国家，其法律制度亦有不同。G20 鼓励不同法律体系的国家有效支持国际反腐败合作，支持在适当情况下适用《联合国打击跨国有组织犯罪公约》和《OECD 反贿赂公约》。

以上原则应当贯穿于 G20 反跨国商业贿赂国际合作的始终，其最终目的是预防和打击犯罪，维护 G20 共同体的共同利益。

---

① 赵卿. 论二十国集团反跨国商业贿赂犯罪国际合作机制的建构［J］. 刑法论丛，2017（2）：500-525.

(三) 在 G20 反腐败工作组下设反跨国商业贿赂联络协调机构①

G20 设立了不同主题的委员会。如 2009 年伦敦峰会建立了金融稳定委员会；2010 年，多伦多峰会成立了反腐败工作组，以发挥 G20 在反腐败领域的领导力，推动反腐败国际合作。反腐败工作组采取共同主席制，共同主席由当年 G20 轮值主席国和另一个成员国担任。工作组每年举行三次会议。经过多年发展，G20 反腐败工作组已成为当前国际反腐败领域最活跃、最重要的合作机制，是全球反腐败合作的风向标。②

2016 年 1 月，G20 反腐败工作组召开第一次会议，围绕国际反腐败追逃追赃合作、打击跨国商业贿赂、公共领域反腐败、高风险领域反腐败等议题开展讨论，建议在 G20 反腐败工作组下设立反跨国商业贿赂联络协调小组。

反跨国商业贿赂联络协调小组的主管机构人员可以由当年轮值主席国配置，负责联络协调，确定每年会议议题，以持续关注、研究和解决跨国商业贿赂相关问题。

在 G20 框架下，除反腐败工作组外，反跨国商业贿赂联络协调小组还应与 G20 国际追逃追赃中心保持密切联系。作为 2016 年 G20 杭州峰会的成果之一，G20 反腐败追逃追赃研究中心于 2016 年 9 月在北京成立，是第一个面向 G20 成员国开展反腐败追逃追赃研究的机构，不仅为 G20 成员国开展反腐败追逃追赃合作创造交流平台，

---

① 赵卿. 论二十国集团反跨国商业贿赂犯罪国际合作机制的建构［J］. 刑法论丛，2017（2）：500-525.

② G20 反腐败工作组共同主席：各方承诺拒绝腐败分子入境［EB/OL］.［2023-08-22］. http：//news. 163. com/16/0906/10/c099SRRC099SRR000014SEH. html.

同时也将为中国参与国际反腐败合作提供智力支持。[①] 反跨国商业贿赂作为国际反腐的一部分，有助于我国倡导和引领的国际反腐新秩序的建立，增强我国在这一领域的话语权和影响力。

三、二十国集团主导反跨境腐败立法

G20 作为汇聚世界最主要经济体的国际合作机制，在反腐败领域发挥了重要的领导力，在全球发挥表率作用，推动反腐败合作。近年来，G20 对公共部门和私营领域廉洁性与透明度的关注，使得如何有效治理跨国商业贿赂也逐渐纳入 G20 对话范畴。

（一）G20 反腐败规范性文件成果[②]

自 2008 年以来，G20 领导人峰会已连续举行 18 次，先后形成了《二十国集团 2015—2016 年反腐败行动计划》《二十国集团拒绝避风港原则》《二十国集团刑事司法协助高级原则》《G20 资产返还相关原则》，以及其他 G20 领导人峰会成果文件，规定采取一系列行动建设反腐败合作网络，包括加强司法互助、返还腐败资产、拒绝为腐败官员提供避罪港、提高公共机构和私营部门的廉洁性和透明度等内容，要求各成员国遵守联合国反腐败等一系列国际公约打击跨国商业贿赂的精神，以贯彻对腐败行为的预防和打击的一贯理念和做法。主要内容包含以下五点：

第一，坚定反腐的立场。G20 高级原则和反腐败行动计划，均在

① 揭秘 G20 反腐追逃追赃研究中心主要职能有哪些？［EB/OL］.［2023-08-22］. http://www.chinanews.com/gn/2016/09-24/8013665.shtml.

② 赵卿. 论二十国集团反跨国商业贿赂犯罪国际合作机制的建构［J］. 刑法论丛，2017(2)：500-525.

开篇即阐明腐败的严重危害性，指出“减少腐败一直是 G20 的首要任务”。

第二，维护公平竞争秩序的宗旨。从国际贿赂犯罪立法实践来看，市场经济对公平竞争的内在需求是促进贿赂犯罪治理国际化的重要动因，推动贿赂犯罪治理国际化的主要动因并不是政治或道德因素，而是基于市场经济发展的切实需要。①

第三，惩防并举、重在预防的刑事政策。加大对跨国商业贿赂犯罪的惩治力度的同时更注重源头治理，通过推行实际受益人透明度、私营领域廉洁性与透明度、公共部门廉洁性与透明度提升政策，建立对腐败易发领域特定腐败风险的管理和问责机制，减少或遏制此类犯罪的发生。

第四，强调国际合作。G20 各次峰会通过的成果文件，均从不同层面提出了加强反腐败国际执法合作的倡议。2016 年杭州峰会再次重申加强国际执法合作和刑事司法协助的重要性，指出任何国家都无法免受腐败困扰，任何政府都无法单独对抗腐败，加强合作能够提高反腐败追逃追赃的效率和效力。

第五，关注重点领域和多部门合作。G20“认识到一些领域尤其容易受到腐败影响或凸显特定的腐败风险”，② 由于跨国商业贿赂不仅涉及公共部门，也涉及私营领域，“鼓励在遵循各国法律的基础上，政府、反腐败机构、监管机构、执法机构、金融情报机构、商界和公民社会之间加强合作”，③ 积极推动全社会、公民参与，加强公司部门合作，鼓励公共机构、私营领域落实反腐败倡议，落实举报人保护制度。

① 钱小平. 治理贿赂犯罪国际公约立法发展及其启示［J］. 犯罪研究，2012（5）：84-90.
② 二十国集团. 二十国集团 2017—2018 年反腐败行动计划［Z］. 2016.
③ 二十国集团. 二十国集团 2017—2018 年反腐败行动计划［Z］. 2016.

（二）G20 主导反跨境腐败立法体系化[①]

国际立法合作泛指不同国家、地区或国际组织的主管机构合作进行的立法性工作，其成果多以国际或区际法律以及软法的形式表现出来。[②] G20 反腐败立法具有软法的性质，为各国治理跨国商业贿赂提供政策引导和制度框架。

G20 在反跨国商业贿赂犯罪方面的立法，包括以下内容：

第一，推动通过 G20 反跨国商业贿赂原则或企业合规计划、方案，率先在反跨国商业贿赂领域制定统一的标准。

第二，倡导、督促 G20 成员方政府建立有效的反跨国商业贿赂治理机制。促进 G20 成员形成行贿受贿同时打击、重在预防的跨国商业贿赂的治理理念，相互之间建立有效、对等的惩戒机制，即实施跨国商业贿赂行为的母国和东道国之间能够形成一致的认识，采取一致的行动。

可见，G20 正朝着主导反跨国腐败立法体系化的方向迈进。相信这个目标在不久的将来一定会实现。

① 赵卿. 论二十国集团反跨国商业贿赂犯罪国际合作机制的建构［J］. 刑法论丛，2017（2）：500-525.

② 陈捷，吕庆明. 国际执法合作新重点：金融情报交流合作［M］//黄风，赵林娜. 国际刑事司法合作：研究与文献. 北京：中国政法大学出版社，2009：209-223.

第十章　金砖国家与反腐败立法研究

一、金砖国家基本情况①

巴西、俄罗斯、印度、中国四国英文名称首字母组成缩写词“BRIC”，因其拼写同英文单词“brick”（砖）相近，中国媒体和学者将其译为金砖国家。2010 年 12 月，中国作为金砖国家轮值主席国，邀请南非加入金砖国家并出席 2011 年在华举办的金砖国家领导人第三次会晤。2011 年，南非正式加入金砖国家，金砖国家正式扩为五国，英文名称定为 BRICS。

2006 年，金砖国家外长举行首次会晤，开启金砖国家合作序幕。2009 年 6 月，金砖国家领导人在俄罗斯叶卡捷琳堡举行首次会晤。2011 年 11 月，金砖国家领导人在法国戛纳二十国集团峰会前夕举行首次非正式会晤。金砖国家领导人迄今共进行了 15 次会晤。

金砖国家合作机制成立以来，合作基础日益夯实，领域逐渐拓展，其已形成以领导人会晤为引领，以安全事务高级代表会议、外长会晤等部长级会议为支撑，在经贸、财金、科技、农业、文化、教育、卫生、智库、友城等数十个领域开展务实合作的多层次架构。金砖国家合作的影响已经超越五国范畴，其成为促进世界经济增长、完

① 金砖国家［EB/OL］.［2023-08-26］. https：//www. mfa. gov. cn/wjb_673085/zzjg_673183/gjjjs_674249/gjzzyhygk_674253/jzgi_674283/8k_674285/.

善全球治理、推动国际关系民主化的建设性力量。

金砖国家扩员前，金砖五国国土面积占世界领土总面积的26.46%，人口占世界总人口的41.93%。据估算，2021年五国经济总量约占世界的25.24%，贸易总额占世界的17.9%。2022年，五国在世界银行的投票权为14.06%，在国际货币基金组织的份额总量为14.15%。[①]

2023年8月24日，金砖国家领导人第十五次会晤召开特别记者会，宣布金砖国家扩员。阿根廷、埃及、埃塞俄比亚、伊朗、沙特阿拉伯、阿联酋六国自2024年1月1日起成为金砖合作机制的正式成员。

金砖国家秉持金砖精神，加强团结合作，倡导公平正义，谋求共同发展，影响力不断扩大，已成为全球新兴市场和发展中国家合作的主要平台。

二、金砖国家推动反腐败国际合作的探索与贡献

（一）金砖国家对腐败的认识[②]

腐败是世界毒瘤，是各国面临的共同挑战。特别是随着经济全球化深入发展，一些腐败犯罪呈现出有组织、跨国化的特点，不仅影响有关国家政治、经济、文化、社会的健康发展，也损害各国人民的切身利益。金砖国家作为重要新兴经济体，对腐败的危害有着深刻的

① 金砖国家［EB/OL］.［2023-08-26］. https：//www.mfa.gov.cn/web/wjb_673085/zzjg_673183/gjjjs_674249/gjzzyhygk_674253/jzgj_674283/gk_674285/.

② 薛鹏. 反腐败共识连续6年写入金砖国家领导人会晤宣言［EB/OL］.［2023-08-26］. http：//www.ccdi.gov.cn/toutiao/201911/t20191116_204472.html.

共识。

2014 年巴西福塔莱萨会晤时，五国在宣言中称“我们认识到腐败对可持续经济增长、消除贫困和金融稳定带来负面影响”；2015 年的乌法宣言中，五国领导人达成共识，认为腐败是全球性挑战，侵蚀各国法律体系，阻碍各国可持续发展，并助长其他形式的犯罪；2016 年的《金砖国家领导人第八次会晤果阿宣言》在指出腐败对经济增长和可持续发展造成负面影响的同时，认为“非法资金流动、藏匿在国外的非法所得等腐败活动是全球性挑战”；2017 年，金砖国家领导人在厦门会晤，与会领导人再次重申“腐败对可持续发展带来负面影响”，并就反腐败国际合作达成一系列共识；2018 年五国领导人在约翰内斯堡会晤时，进一步指出了腐败的严重危害，“腐败是全球挑战，将产生长期影响，包括破坏国家的法律体系。腐败还威胁经济增长，妨碍一国的当地和外国投资”。

基于上述共识，金砖国家秉持“开放、包容、合作、共赢”的金砖精神，深化反腐败国际合作，共同铲除腐败毒瘤，更好地服务和保障经济社会可持续发展。反腐败国际合作的深度广度持续拓展。

（二）金砖国家反腐败合作与立法的历史演进

从 2013 年至今，金砖国家领导人会晤已连续 10 年将反腐败国际合作相关共识写入宣言和成果文件，合作内容的深度和广度也在不断拓展。

2013 年 3 月 26 日至 27 日，金砖国家领导人在南非德班举行第五次会晤，发表了《金砖国家领导人第五次会晤德班宣言》和《金砖国家德班行动计划》，签署了多项合作文件。其中，《金砖国家德班行动计划》将反腐败列为金砖国家新合作领域。

2014 年 7 月 15 日，金砖国家领导人在巴西福塔莱萨举行第六次会晤，发表了《金砖国家领导人第六次会晤福塔莱萨宣言》。五国在宣言中称："我们认识到腐败对可持续经济增长、消除贫困和金融稳定带来负面影响。我们将致力于根据多边原则和准则，特别是《联合国反腐败公约》，打击国内和国外贿赂，加强国际合作包括执法合作。"① 另外，金砖国家积极拓展民间合作途径，通过召开相关学术会议、举办司法界论坛活动展开深入的交流，探讨反腐败经验。2014年金砖五国法律界成立"金砖国家法律论坛"，并通过《巴西利亚宣言》；次年在中国上海举办的第二届"金砖国家法律论坛"，成立了金砖国家法律人才培养基地、金砖国家法律研究院以及金砖国家争议解决上海中心，为开展金砖国家反腐司法合作构建机制平台。②

2015年，金砖国家领导人在俄罗斯乌法举行第七次会晤，通过《金砖国家领导人第七次会晤乌法宣言》，共同声明通过司法互助等各种手段打击腐败，金砖国家反腐败合作工作组正式成立。③ 2016年6月，金砖国家反腐败工作组召开首次会议。

2016年10月，金砖国家领导人第八次会晤发表《金砖国家领导人第八次会晤果阿宣言》，支持建设金砖国家反腐败工作组机制。

2017年9月3日至5日，金砖国家领导人第九次会晤在厦门举行，与会领导人就加强反腐败合作达成重要共识，并将其写入《金砖国家领导人第九次会晤厦门宣言》（简称《厦门宣言》）。这是中国引领反腐败国际合作与立法的新贡献与新篇章。《厦门宣言》表示支持通过金砖国家反腐败工作组机制加强国际反腐败合作和追逃追赃工作。

2018年7月25日至27日，金砖国家领导人第十次会晤在南非约翰内斯堡举行。与会领导人就加强反腐败国际合作达成重要共识，并

① 金砖国家领导人第六次会晤福塔莱萨宣言（全文）[EB/OL].[2023-08-26]. https://www.gov.cn/xinwen/2014-07/17/content_2718754.htm.

② 张勇. 法律外交与反腐败国际合作：以金砖国家为例 [J]. 河南社会科学，2018（4）：43-48.

③ 张勇. 法律外交与反腐败国际合作：以金砖国家为例 [J]. 河南社会科学，2018（4）：43-48.

将其写入《金砖国家领导人第十次会晤约翰内斯堡宣言》，重申致力于根据《联合国反腐败公约》第四章内容开展国际合作，以此致力于在金砖国家反腐败工作组框架下加强国际合作。

2019 年 11 月 13 日至 14 日，金砖国家领导人第十一次会晤在巴西首都巴西利亚举行。与会领导人重申反腐败决心，就营造对腐败零容忍的氛围、继续开展反腐败执法合作、加强经验交流和个案合作等达成共识，并将其写入《金砖国家领导人第十一次会晤巴西利亚宣言》，表示将加强在《联合国反腐败公约》、二十国集团反腐败工作组等多边框架下的交流，携手拒绝为腐败人员和资产提供避风港，从而促进犯罪所得的归还。

2020 年 11 月 17 日，金砖国家领导人第十二次会晤以视频方式举行。俄罗斯总统普京主持，中国国家主席习近平、印度总理莫迪、南非总统拉马福萨、巴西总统博索纳罗出席。五国领导人围绕“深化金砖伙伴关系，促进全球稳定、共同安全和创新增长”主题，深入交换意见，达成广泛共识。会晤通过了《金砖国家领导人第十二次会晤莫斯科宣言》。该宣言称：“我们重申致力于促进国际反腐败合作，特别是着眼 2021 年召开的联合国大会反腐败特别会议，金砖国家应在各国法律体系允许的范围内，就所有与反腐败执法有关的问题加强多边框架内合作，包括在资产返还和拒绝为腐败人员和资产提供避风港方面加强合作。我们欢迎 2021 年联合国大会反腐败特别会议，并将努力推动将缔结《联合国反腐败公约》作为国际反腐败合作的重要渠道。我们鼓励金砖国家反腐败工作组继续在这方面开展工作。”①

2021 年 9 月 9 日，金砖国家领导人第十三次会晤以视频方式举行。中国国家主席习近平、南非总统拉马福萨、巴西总统博索纳罗、俄罗斯总统普京出席，印度总理莫迪主持会晤。五国领导人围绕

---

① 金砖国家领导人第十二次会晤莫斯科宣言［EB/OL］.［2023-08-26］. https://world.huanqiu.com/article/40jydpZNoMv.

“金砖15周年：开展金砖合作，促进延续、巩固与共识”主题深入交流，通过了《金砖国家领导人第十三次会晤新德里宣言》。该宣言称：“我们重申在国际反腐败问题上加强合作并采取行动，包括加强多边框架下的合作，以及根据国内法律制度，就资产返还、拒绝为腐败人员提供避风港、查找腐败所得等事项开展合作。我们将继续通过各种教育和培训项目加强反腐败能力建设。我们欢迎2021年‘预防和打击腐败的挑战和举措，加强国际合作’联合国大会特别会议，并重申致力于落实大会政治宣言。”①

2022年6月23日至24日，金砖国家领导人第十四次会晤以视频方式举行。中国国家主席习近平主持会晤并发表重要讲话。与会领导人就加强反腐败国际合作达成重要共识，并将其写入《金砖国家领导人第十四次会晤北京宣言》（简称《北京宣言》），还通过了《金砖国家拒绝腐败避风港倡议》等系列成果。《北京宣言》重申加强反腐败国际合作的承诺，愿在尊重各国法律制度基础上，就反腐败追逃追赃、民事和行政事项相互提供法律协助、资产返还等方面加强经验交流和务实合作，表示将进一步通过教育培训项目加强反腐败能力建设，并加强多边框架下的反腐败交流与合作。②

2022年7月13日，金砖国家首次反腐败部长级会议以视频形式举行，中共中央政治局委员、中央纪委副书记、国家监委主任杨晓渡出席并讲话，会议通过了《金砖国家反腐败部长级会议公报》。这是金砖国家深化反腐败务实合作的又一项重要举措，再次向金砖各国人民和国际社会彰显携手打击腐败的坚定决心。此次部长级会议的主题为“加强合作，携手反腐”，金砖各国反腐败机构部长级官员回顾金砖国家反腐败合作历史，探讨金砖国家如何在打击腐败资产非

---

① 金砖国家领导人第十三次会晤新德里宣言［EB/OL］.［2023-08-26］. https://news.cri.cn/20210910/3e80d756-8e4b-70c8-ba8e-b0d1fc562609.html.

② 王卓. 金砖国家领导人第十四次会晤 就加强反腐败合作达成重要共识［EB/OL］.［2023-08-26］. https://www.ccdi.gow.cn/toutiaon/202206/t20220624_201116.html.

法流动、反腐败执法和追逃追赃合作、反腐败教育培训等重点领域继续深化合作。联合国毒罪办、国际反腐败学院、新开发银行也为金砖国家反腐败合作建言献策。这次会议是自 2015 年金砖国家反腐败合作工作组成立以来第一次举办的反腐败部长级会议，这也意味着金砖国家在更高层面上凝聚了反腐败共识，向国际社会表明和传递了金砖国家誓言打击腐败、加强重点领域务实合作的鲜明立场和积极信号。参会各方表示，这样的高级别会议有助于巩固深化各方工作层专家之间的合作，加强金砖国家高级别合作交流，为全球反腐败斗争作出务实贡献。①

2023 年 8 月，金砖国家领导人第十五次会晤在南非举行。由于金砖国家机制紧跟时代潮流，展现充沛活力，有 20 多个国家提出希望加入金砖机制，这显示出金砖机制健康蓬勃地向前发展的态势。②

金砖国家反腐败合作机制不断深化，合作网络越织越密。反腐败文件越来越多，反腐败制度体系也随之越来越完善。

（三）中国参与、推动金砖国家反腐败合作的贡献③

1. 中国参与、推动金砖国家反腐败国际合作枚举

金砖各国发展阶段相似，其都面临治理腐败和发展经济的重要任务，在反腐败务实合作领域有相同的关切。为了加强与扩大金砖国家的反腐败合作，为了落实领导人会晤共识与宣言等成果，2015 年，金砖国家反腐败合作工作组成立。

金砖国家反腐败合作工作组是金砖国家合作机制下设的专业领域工作组之一，每年召开 2 至 3 次工作组会议。中央纪委国家监委代

① 李晓阳. 金砖国家首次反腐败部长级会议：为全球反腐败治理贡献金砖力量［J］. 中国纪检监察，2022（14）：22-23.

② 王毅同俄罗斯外长拉夫罗夫通电话［N］. 人民日报，2023-08-08（03）.

③ 王卓. 反腐败国际合作迈上新台阶［EB/OL］.［2023-08-26］. https：//www. ccdi. gov. cn/toutiaon/202206/t20220627_201521. html.

表中方参与金砖国家反腐败合作，积极推动金砖国家在拒绝腐败避风港、反腐败追逃追赃等领域开展合作。①

2022 年中国担任反腐败合作工作组主席，精心组织了一系列反腐败国际合作的活动。

2022 年 5 月 26 日，“反腐败促进经济发展”研讨会以线上方式召开，推动金砖国家共商如何通过反腐败工作维护社会公平正义，取得更多制度性成果和更大治理成效，保障和促进社会经济发展。会议由中国国家监察委员会主办，来自金砖国家政府、企业、学界及相关国际组织的 60 余位代表在线参会。此次研讨会是中方 2022 年担任金砖国家反腐败合作工作组轮值主席开展的一项主题活动。与会各方一致认为，反腐败维护公平正义，有利于经济持续健康发展。金砖国家将进一步加强反腐败促进经济发展方面的互学互鉴，不断完善合作机制，为全球反腐败治理贡献力量。

2022 年 6 月 23 日至 24 日，金砖国家领导人第十四会晤在北京以视频方式举行。中国推动金砖国家就如何加强反腐败国际司法执法合作进一步凝聚共识，各方一致通过了《金砖国家拒绝腐败避风港倡议》，同意进一步加强反腐败追逃追赃合作，呼吁世界各国拒绝成为腐败避风港。金砖国家领导人第十四次会晤通过《北京宣言》，反腐败内容纳入宣言，标志着金砖领导人就反腐败合作达成一系列新的重要共识，向国际社会表明和传递了金砖国家誓言打击腐败、加强重点领域务实合作的鲜明立场和积极信号，为下一步金砖国家持续深化反腐败合作提供重要指引。

2022 年 7 月，首次举办的金砖国家反腐败部长级会议在更高层面凝聚金砖国家反腐败共识，表明成员国关于反腐败执法合作、追逃追赃、能力建设等方面的共同立场和主张。

---

① 王卓. 反腐败国际合作迈上新台阶 [EB/OL]. [2023-08-26]. https://www.ccdi.gov.cn/toutiaon/202206/t20220627_201521.html.

2. 中国参与、推动金砖国家反腐败合作的贡献总结①

中国通过参与、推动金砖国家反腐败国际合作，增进了金砖各国、有关国际组织和国际社会对中国反腐败理念主张的了解和支持。

尤其是通过2022年工作组轮值主席的工作，中方关于拒绝腐败避风港等理念主张上升为金砖共识，为国际社会进一步加强反腐败务实合作提出了中国方案、贡献了中国智慧，中国的反腐败国际话语权和影响力得到进一步提升。

中国始终是全球反腐败治理的积极参与者和贡献者，也是广大发展中国家反腐败合作共同意愿的倡导者和行动派。中国全面履行《联合国反腐败公约》义务，积极参与包括金砖国家合作机制在内的多边反腐败合作，加强国际追逃追赃，深入推进跨境腐败治理，与许多国家和国际组织建立了良好合作关系。

中国致力于推动金砖国家反腐败合作向纵深发展，为全球多边主义合作和反腐败治理作出金砖贡献。

从2013年反腐败国际合作被列入金砖国家领导人第五次会晤成果文件至今，金砖国家反腐败合作已走过十余年的历程。在中国的推动下，金砖国家在反腐败立法领域目标更加务实，活动更加频繁，成绩也越来越受到全世界瞩目。

① 王卓. 反腐败国际合作迈上新台阶［EB/OL］.［2023-08-26］. https：//www. ccdi. gov. cn/toutiaon/202206/t20220627_201521. html.

第十一章　欧洲联盟与反腐败立法研究

一、欧洲联盟基本情况①

欧洲联盟，简称欧盟（EU），是由欧洲共同体发展而来的，总部设在比利时首都布鲁塞尔。

（一）欧盟发展简史

1950 年 5 月 9 日，法国外长舒曼发表声明（史称“舒曼计划”），建议法德两国建立煤钢共同体。1952 年 7 月，法国、西德、意大利、荷兰、比利时和卢森堡正式成立欧洲煤钢共同体。1958 年 1 月，六国成立了欧洲经济共同体和欧洲原子能共同体。1967 年 7 月，三个共同体的主要机构合并，统称欧洲共同体。1991 年 12 月，欧洲共同体马斯特里赫特首脑会议通过《欧洲联盟条约》（又称《马斯特里赫特条约》）。1993 年 11 月，《欧洲联盟条约》生效，欧洲共同体演化为欧洲联盟。2002 年 1 月，欧元顺利进入流通。2009 年《里斯本条约》生效后，欧盟具备了国际法主体资格，并正式取代和继承欧洲共同体。《里斯本条约》首次就成员国退出欧盟相关程序作出

① 欧盟概况［EB/OL］.［2023-09-11］. https：//www. mfa. gov. cn/web/wjb_673085/zzjg_673183/xos_673625/dqzz_673633/oumeng/gk_673637/.

规定。

欧盟现有 27 个成员国：奥地利、比利时、保加利亚、塞浦路斯、捷克、克罗地亚、丹麦、爱沙尼亚、芬兰、法国、德国、希腊、匈牙利、爱尔兰、意大利、拉脱维亚、罗马尼亚、立陶宛、卢森堡、马耳他、荷兰、波兰、葡萄牙、斯洛伐克、斯洛文尼亚、西班牙、瑞典。截至 2022 年，人口达 4.5 亿，面积有 414 万平方千米，2022 年欧元区国内生产总值 15.807 万亿欧元。

欧盟积极开展全方位外交，已同 160 多个国家建立了外交关系，与多方建立了战略伙伴关系和定期领导人会晤机制。

（二）欧洲一体化建设

欧洲一体化建设在曲折中不断取得积极进展。

欧盟先后建立了关税同盟，实行了共同贸易政策、农业和渔业政策，统一了内部大市场，基本实现了商品、人员、资本和服务的自由流通。欧盟建立了经济与货币联盟，在欧元区内统一了货币。一体化建设逐步向外交、安全、司法、内务等领域拓展，并不断取得进展，欧盟通过《阿姆斯特丹条约》和《尼斯条约》，陆续将“申根协议”纳入欧盟法律框架，把民事领域司法合作纳入欧盟机制。2009 年《里斯本条约》生效后，欧盟机制改革陆续启动，当年选举产生了首任欧洲理事会常设主席范龙佩和首任欧盟外交与安全政策高级代表兼欧委会副主席阿什顿。2010 年 3 月，欧盟提出了对外行动署组建方案，次年行动署主要职位任命和机构组建工作初步完成。欧债危机爆发后，欧盟进一步推动相关改革，包括积极推动银行联盟、资本市场联盟、能源联盟和单一数字市场建设，加强安全防务等领域的合作。目前，欧盟是世界上地区一体化程度最高的国家集团。

（三）主要机构

1. 欧洲理事会

欧洲理事会，又称欧盟首脑会议或欧盟峰会，是欧盟最高决策机构。欧洲理事会由成员国国家元首或政府首脑及欧洲理事会主席、欧盟委员会主席组成。欧洲理事会设主席一职，任期两年半，主席可连任一届。

2. 欧盟理事会

欧盟理事会，又称部长理事会，是欧盟立法与政策制定、协调机构。理事会由每个成员国各 1 名部长级代表组成，按不同议事领域由相应部长组成，除外长理事会由欧盟外交与安全政策高级代表主持外，理事会主席由轮值主席国担任，任期半年。

3. 欧盟委员会

欧盟委员会，简称欧委会，是欧盟立法建议与执行机构。本届委员会共 27 人，由每个成员国 1 名代表组成，其中主席 1 人，副主席 8 人，任期 5 年。

4. 欧洲议会

欧洲议会，是欧盟监督、咨询和立法机构。议员由成员国直接选举产生，任期 5 年。第九届议会于 2019 年 7 月正式成立，现有 705 名议员，7 个党团。

5. 欧盟对外行动署

欧盟对外行动署，由欧盟外交与安全政策高级代表（兼任欧盟委员会副主席）领导，协调成员国外交政策。

二、欧洲联盟推动反腐败国际合作的探索与贡献

（一）反腐败立法的历史演进

欧盟的反腐败立法始于20世纪90年代，30多年来，制定了一大批高水平的反腐败公约、条约、指令、规范性文件。

1990年11月，欧洲理事会制定了《欧洲理事会关于清洗、追查、扣押和没收犯罪收益的公约》（简称《欧洲反洗钱公约》）。它明确建议缔约国将应当怀疑财产是犯罪所得而转换、转让、隐瞒、掩饰、获取、占有或者使用的行为予以刑事化，在国际反洗钱刑法发展史上率先将洗钱犯罪扩展为包括清洗毒赃及其他特定犯罪的非法所得及其收益的犯罪。

1991年6月，欧洲共同体部长理事会通过《欧共体理事会关于防止为洗钱目的而利用银行系统的指令》（简称《欧洲反洗钱指令》）。它将反洗钱的视线投向了毒品犯罪收益以外的领域，包括了所有犯罪的非法收益，从而为在更广泛的领域内建立反洗钱的国际洗钱合作机制奠定法律基础。

1995年，欧盟发布《保护欧洲共同体金融利益条约》，就欧盟资金和各成员国相关资金的保护措施、防止欺诈的办法作出了规定。

1996年9月，欧盟通过了《欧共体金融利益保护公约第一备忘录》。该文件将官员的主动腐败（行贿）和被动腐败（受贿）规定为刑事犯罪。文件要求各成员国立法将官员参与腐败活动定为刑事犯罪。此外，它还规定商业巨头行贿也要承担刑事责任。

1997年5月26日，欧盟理事会通过的《打击涉及欧洲共同体官员或欧洲联盟成员国官员的腐败行为公约》，第一次涉及对腐败的刑

事定罪，规定无论官员的行为是否损害欧盟金融利益，只要涉及行贿受贿，一律定为刑事犯罪。它与《欧洲委员会反腐败刑事公约》类似，共16章，分别阐述了腐败的定义、适用范围（包括欧盟官员和各成员国政府官员）、刑事处罚、检控程序、国际合作等内容。

1997年，欧洲理事会通过《打击有组织犯罪行动计划》，呼吁欧盟制定统一政策。为此，欧盟执委会提出了欧盟反腐败战略，其内容包括欧盟内部和外部反腐败策略、国际贸易和竞争规则、发展合作政策，以及新成员的准入标准。同时，欧盟执委会还制定了预防腐败的措施，如改革税收政策、废除贿金减税做法、在单一市场内改进公共采购制度、强化监督监察等。

1997年11月，欧洲委员会部长委员会通过《打击贪污腐败20项指导原则》，指出腐败威胁社会公平正义，削弱公民对民主的信心，破坏法治，否定人权，阻碍社会经济发展，强调要坚决打击腐败，采取有效措施预防腐败，要求成员国加大反腐败工作的力度。

欧洲委员会于1999年1月27日和11月4日分别通过了《欧洲委员会反腐败刑法公约》（简称《刑法公约》）和《欧洲委员会反腐败民法公约》（简称《民法公约》），确定了欧洲地区反腐败的统一规则和原则。

2003年，欧盟制定了《私营领域反腐框架决定》以及一系列欧盟刑事司法合作框架决定（腐败犯罪是这些决定明确列出的合作领域）等。

此外，在欧盟的几个重要而又关键的条约——《欧洲联盟条约》（1991）、《阿姆斯特丹条约》（1997）和《尼斯条约》（2000）中都有条款要求各成员国在打击腐败犯罪方面采取共同行动。同时，私营部门反腐败法律的采用以及加入《联合国反腐败公约》，进一步完善了欧盟反腐败法律框架。[①]

① 张军妮．欧盟反腐败制度的多维解析［J］．欧洲研究，2015（5）：83-100.

（二）反腐败立法与决策机构及其活动枚举

1. 欧洲理事会反腐败国家集团①

欧洲理事会反腐败国家集团于1999年5月由比利时、保加利亚、塞浦路斯、爱沙尼亚、芬兰、法国、德国、希腊、冰岛、爱尔兰、立陶宛、卢森堡、罗马尼亚、斯洛伐克、斯洛文尼亚、西班牙和瑞典等国部长委员会的代表提议设立，目的是通过监测各国遵守有关廉洁承诺的情况，特别是负责监测遵守《打击贪污腐败20项指导原则》的情况和执行《刑法公约》等国际法律的情况，提高其成员国打击腐败犯罪的能力。这一组织的建立标志着反腐败机构建设进入了一个新阶段，即由国内反腐败机构向国际反腐败机构发展。

2. 欧盟监察专员署②

早在20世纪90年代初，丹麦提议应将行政监察专员制度引入欧洲议会的监督体系。此后，设立监察专员署被写入《马斯特里赫特条约》。1994年，欧盟监察专员署正式成立。根据《马斯特里赫特条约》原则，欧洲议会规定了监察专员的任职条件、职责任务、管辖范围、工作程序等。根据规定，监察专员必须是欧洲公民，具备在本国最高司法机关任职的条件，其地位相当于欧洲法院大法官；监察专员必须以欧洲整体利益和公民利益为重，完全独立地履行其职责，不得寻求或听从任何政府或机构的指使，不得担任其他政治组织或行政上的职务；监察专员犯有严重错误时，经欧洲议会要求，由欧洲法院罢免；监察专员由欧洲议会选举产生，向议会报告工作，任期也由议会决定，其可连选连任，一般不能被解职。监察专员的管辖范围包

① 李嘉凤. 国际及主要国家反腐败机构与措施简介［J］. 国际资料信息，2004（8）：25-34.

② 李嘉凤. 国际及主要国家反腐败机构与措施简介［J］. 国际资料信息，2004（8）：25-34.

括：欧洲理事会、欧洲部长理事会、欧盟委员会、欧洲议会、欧洲法院、欧洲审计院、经济社会委员会和各地区委员会、欧洲银行和欧洲投资银行以及其他附属机构。监察专员除受理公民的投诉外，还可以实施主动监察，对媒体曝光的不良行政事件进行追踪调查。如果调查属实，监察专员提出处理意见呈送相关单位，相关单位必须在3个月内作出处理决定，同时将处理结果报送欧洲议会，并转告投诉人。监察专员每年还要向欧洲议会提供年度监察报告，并提出行政改进建议。①

监察专员具有独立的财政预算，1995—2000年期间其财政预算附属于欧洲议会。1999年12月，欧盟理事会制定规章，将欧盟监察专员的预算改为独立列出。② 欧盟监察专员的数量在逐年增加，从1995—1996年的10个人，到2013年已有67个人。③

3. 欧盟反欺诈署

欧盟反欺诈署（European Anti-Fraud Office，OLAF）是欧盟机构中反腐败功能最强的核心机构。1988年7月，欧盟建立“预防欺诈协调工作组”（Task Force for Coordination of Fraud Prevention，UCLAF），其由欧盟委员会直接监管，与成员国反欺诈部门共同工作，为调查跨国有组织欺诈犯罪提供协调和帮助。1993年，欧洲议会提议将其权力逐渐扩大，1995年被授权开展初步的调查。1999年，欧盟委员会在UCLAF的基础上成立了欧盟反欺诈署。反欺诈署是欧盟委员会的独立机构，主要职责是通过侦查与共同体机构和项目有关的欺诈、贪污和其他非法行为，保护欧盟的金融利益，同时，反欺诈署还有权调查欧盟机构或人员的不当行为或非法行为，代表欧盟委员会负责欧盟层面欺诈预防政策的协调与发展。欧盟反欺诈署的调查属于行政

① 李嘉凤. 国际及主要国家反腐败机构与措施简介［J］. 国际资料信息，2004（8）：25-34.

② EC. ECSCEURATOM 2673/1999［Z］. Offcial Journal，1999.

③ The Transparency International. The European Union Integrity System［Z］. 2014：209.

性质，没有司法审判和制裁的权力。行政调查结束后，其会对部分案件[①]拟定建议报告，建议可分为四类：金融建议、行政建议、纪律处分建议和司法建议。前三类建议交给相关欧盟或成员国行政机构处理。构成刑事案件的转交成员国司法部门处理。[②]

4. 欧洲警察署

欧洲警察署是1992年《欧洲联盟条约》要求建立的，总部设在海牙。欧洲警察署搜集情报，并且向成员国提供风险分析，负责欧盟成员国之间的警察与司法合作，负责预防和打击有组织犯罪、恐怖主义和其他欧盟层面的严重犯罪。

5. 欧洲司法组织

欧洲司法组织的建立源于1999年坦佩雷欧盟峰会，其总部也设在海牙。欧洲司法组织帮助成员国协调欧盟层面的跨国刑事调查和司法程序。

6. 调查和纪律办公室

2000年成立的欧盟“调查和纪律办公室”（Investigation and Disciplinary Office of the Commission，IDOC）只对欧盟委员会主席负责，主要职能是制定欧盟工作人员行为准则和行政、财政纪律，监督工作人员恪尽职守，受理工作人员的投诉，调查违法违纪案件。经过独立调查，IDOC会根据违纪的具体情况对公务员进行处分，包括停职、开除，以及开除并扣减养老金等。其处理的通常是那些道德层面或者很少涉及金融利益的案件。[③]

---

① 欧盟反欺诈署的年度报告数据显示：自2010年以来，调查结果附有建议报告的案件比例均超过50%。

② 张军妮. 欧盟反腐败制度的多维解析［J］. 欧洲研究，2015（5）：83-100.

③ 张军妮. 欧盟反腐败制度的多维解析［J］. 欧洲研究，2015（5）：83-100.

三、欧洲联盟主导欧洲区域反腐败国际立法

欧盟主导反腐败立法有如下创新与特点。

其一，通过民事救济规定来完善反腐败法律制度。欧洲委员会所制定的《民法公约》规定，对遭遇商业贿赂行为而承担损失的受害人应当给予民事赔偿。对此原则，欧盟内各成员国须通过国内立法加以落实转化，作出相应的民事救济规定。这一原则创新性地规定了因商业贿赂而造成损失的行为个体应当承担民事责任。一方面，该规定明确了民事赔偿的实质性和程序性要求，成为各成员国保护被害人的国内法的最低立法标准；另一方面，该规定提出了民事赔偿责任的构成要件，建立了各行为人的连带民事赔偿制度，明确了国家赔偿责任，以及各成员国的应当完善本国内相关的会计制度、证据制度等的立法义务。

其二，在司法协助领域，因欧盟本身是一个紧密的政治性的政府间国际组织，其司法缉捕行为合作方面的规定极其统一完善。欧洲委员会的《刑法公约》与《民法公约》明确要求，各个成员国在调查腐败犯罪方面应当相互合作。2001 年 12 月，欧洲委员会通过了《统一司法缉捕协定》。根据该协定，任何国家发出的涉嫌经济贿赂等犯罪的逮捕令应在所有缔约国同时生效，另一国家有义务将犯罪嫌疑人绳之以法。这促进了欧洲实行统一的司法逮捕政策，促进了欧洲国家在治理商业贿赂方面的合作。

其三，促进欧盟层面的反腐败统一规则的体系化。反腐败一直是欧盟治理的优先领域，欧盟多年来以正式文件和官方报告等形式推

动欧盟与成员国在反腐立法方面协调一致，以及在执行反腐法律方面加强合作。① 2015 年，欧盟甚至在文件中指出："将在未来所有的贸易协定中都对反腐败条款进行有雄心的谈判。首先将从 *TTIP*（《跨大西洋贸易与投资伙伴关系协定》）谈判开始。"② 欧盟尤其致力于欧盟层面反腐败统一规则的制定和完善。从《欧洲反洗钱公约》(1990)、《欧洲反洗钱指令》(1991)、《打击涉及欧洲共同体官员或欧洲联盟成员国官员的腐败行为公约》(1997)、《打击贪污腐败 20 项指导原则》(1997)、《欧洲委员会反腐败刑法公约》(1999)、《欧洲委员会反腐败民法公约》(1999) 到《私营领域反腐框架决定》(2003)，反腐败法律越来越丰富和体系化，从而推动构建完善的反腐败合作机制。

其四，反腐败评估机制对推动反腐合作起重要作用。在欧盟，准确评估反腐败立法的实施效果，是推动成员国履约的重要方式。如：为监督落实《OECD 反贿赂公约》和《欧洲委员会反腐败刑法公约》，经合组织和欧洲委员会分别设立了反贿赂工作组以及反腐国家工作组。③

① 杨娜. 欧盟的廉政治理及其启示［J］. 南开学报（哲学社会科学版），2018（1）：141-150.

② 冯迪凡. 解读欧盟贸易投资新政：纳入反腐新规 积极转向亚洲［N］. 第一财经日报，2015-10-22.

③ 杨先德，杨国栋. 反腐是欧盟成员国司法合作的重要领域［N］. 检察日报，2016-04-05（03）.

第十二章　美洲国家组织与反腐败立法研究

一、美洲国家组织基本情况[①]

美洲国家组织（Organization of American States，OAS）是世界上历史悠久的区域性政府间国际组织之一，其汇集了美洲 35 个独立国家，构成了西半球主要的政治、司法论坛，并授予了欧盟和包含我国在内的 74 个国家以常驻观察员的地位。[②]

1889 年 10 月至 1890 年 4 月，美国同拉美 17 个国家在华盛顿召开了第一次美洲国际会议，并于 1890 年 4 月 14 日建立“美洲共和国国际联盟”及其常设机构“美洲共和国商务局”。4 月 14 日被定为“泛美日”。

1948 年《美洲国家组织宪章》在波哥大举行的第九次美洲会议上通过后，联盟遂改称为“美洲国家组织”。

美洲国家组织的宗旨是加强美洲大陆的和平与安全；确保成员国之间和平解决争端；成员国遭到侵略时，组织声援行动；谋求解决成员国间的政治、经济、法律问题，消除贫困，促进各国经济、社

---

① 美洲国家组织［EB/OL］.［2023-09-15］. https：//www. mfa. gov. cn/web/wjb_673085/zzjg_673183/ldmzs_673663/dqzz_673667/mzgjzz_673669/gk_673671/.

② OAS. Who we are［EB/OL］.［2023-09-15］. http：//www. oas. org/en/about/who_we_are. asp.

会、文化合作；控制常规武器；加速美洲国家一体化进程。

美洲国家组织在日内瓦设有驻欧洲办事处，在多数成员国设有办事机构。总部设在美国华盛顿，其组织机构如下：

（1）大会：最高权力机构。各成员国外长参加，每年举行 1 次，亦称年会。经三分之二成员国同意，可召开特别大会。截至 2023 年 7 月，美洲国家组织已举行 53 届年会。

（2）外长协商会议：《美洲互助条约》规定，常设理事会绝对多数票赞成即可召开会议，就共同关心的紧急问题进行协商。如涉及军事合作问题，则同时召开由各成员国最高军事代表参加的防务咨询委员会会议。

（3）大会直属机构：①常设理事会，由成员国各派 1 名大使级代表组成。正、副主席由各国代表轮流担任，任期半年。②美洲一体化发展理事会，原则上每年召开一次成员国部长级会议。

（4）咨询机构：美洲法律委员会、美洲人权委员会。

（5）秘书处：常设行政机构。正、副秘书长均由大会选举产生，任期 5 年，可连任 1 次。

（6）专门机构：美洲开发银行、美洲儿童协会、美洲妇女委员会、美洲农业合作协会、泛美卫生组织、泛美史地协会。

（7）自治机构：美洲人权法院、美洲防务委员会、美洲控制毒品委员会、美洲通信委员会、美洲反恐委员会、美洲法学中心、泛美发展基金等。

二、美洲国家组织推动反腐败国际合作与立法的探索与贡献

腐败问题是美洲国家的一个顽疾。秘鲁前总统藤森、阿根廷前总统梅内姆、尼加拉瓜前总统阿莱曼等都因腐败问题受到本国司法机

关的起诉甚至通缉。厄瓜多尔自1996年起连续7年更换了5位总统，这都与一些政府官员和银行家的贪污、腐败有着密切关系。据官方提供的材料，厄瓜多尔每年因腐败造成的经济损失约为20亿美元，严重影响了国家经济和社会发展。①

早在1977年，美国颁布了《反海外腐败法》，将跨国贿赂行为定为犯罪，并敦促其他国家制定类似的法律。考虑到贿赂问题对美洲经济发展的影响日益恶劣，② 20世纪90年代，越来越多的国家政府和非政府组织认识到向外国公职人员行贿问题的严重性和联合打击与防范的重要性。1994年的美洲国家峰会上，各国首脑提出制定一个国际公约来打击向外国公职人员行贿的建议。

受美国《反海外腐败法》影响，1996年3月29日，美洲专门委员会在委内瑞拉召开会议，来自OAS 21个成员国的谈判人员共同签署了《美洲国家组织反腐败公约》（简称《美洲反腐败公约》）。③这是第一个把向外国公职人员行贿的行为规定为犯罪的区域性国际公约。该公约相较于美国《反海外腐败法》，不仅规定了向外国公职人员行贿的人的行为构成犯罪，同时规定了受贿的外国公职人员的行为也可能构成犯罪。《美洲反腐败公约》作为世界上第一个多边反腐败公约，旨在确保各缔约方颁布法令，将行贿、受贿、跨国商业贿赂等腐败行为定为刑事犯罪，同时还推动美洲国家间的反腐合作，建立一套预防、侦查、惩治乃至根除腐败的必要机制，提高跨国腐败案件的查办效率。④

1998年4月18日至19日，美洲34个国家的首脑聚集在智利首都圣地亚哥，举行第2届美洲国家首脑会议。会议重要议题之一是审议《美洲反腐败公约》的进展情况，进一步制订反腐败的具体行动

① 金沈俭，宋心德. 美洲国家组织大会将着重讨论反腐败问题［EB/OL］.（2004-06-06）［2023-09-15］. https：//news. sina. com. cn/w/2004-06-06/12032730624s. shtml.

② 周越. 跨国公司商业贿赂的法律规制研究［D］. 上海：华东政法大学，2018.

③ 孔祥仁. 美洲反腐败公约［J］. 中国纪检监察，1998（11）：47.

④ 孔祥仁. 美洲反腐败公约［J］. 中国纪检监察，1998（11）：47.

计划。

2004 年 6 月 6 日至 8 日，第 34 届美洲国家组织大会在厄瓜多尔首都基多举行，“在反腐斗争中争取社会和民主发展”是大会的主题。大会提出的反腐措施，包括采取切实可行的措施，以防止腐败行为发生，要求本地区各国对腐败官员不庇护、不姑息等。①

2018 年 5 月，第 8 届美洲国家首脑会议在秘鲁首都利马闭幕。第 8 届美洲国家首脑会议以“民主治理与反腐败”为主题。会议最终通过《利马承诺》，期望美洲地区各国团结一致，采取具体反腐败措施，保证本地区经济和社会的稳步发展。各国领导人在《利马承诺》中承诺：加强民主治理；在获得信息、保护举报人、人权等方面寻求更大透明性；防止公共工程、承包和公共采购方面的腐败；加强国际司法合作，打击行贿受贿、有组织犯罪；加强美洲反腐机制建设；落实所有通过的相关文件。美洲国家组织秘书长阿尔马格罗认为腐败是历史性顽疾，是“无情的、无所不在的”，但人们必须战胜腐败。②

三、美洲国家组织推动反腐败国际立法

美洲峰会对西半球的反腐合作起到了极大的推动作用。1994 年在美国迈阿密召开的第一次美洲峰会上，各国首脑都意识到反腐问题是多边的，应该在美洲国家组织框架内展开谈判，形成覆盖整个西半球国家的协议。由于反腐败议题涉及的人口、语言、经济社会发展

① 金沈俭，宋心德. 美洲国家组织大会将着重讨论反腐败问题［EB/OL］.（2004-06-06）［2023-09-15］. https：//news. sina. com. cn/w/2004-06-06/12032730624s. shtml.

② 美洲国家首脑会议承诺加强打击腐败［EB/OL］.（2018-04-15）［2023-09-15］. www. xinhuanet. com/world/2018-04/15/C_1122684578. htm.

水平和法律制度环境等不同，各国反腐败工作的特点迥异，需要各方沟通交流、分享经验。[①] 1996 年 3 月，美洲国家组织正式通过《美洲反腐败公约》。

（一）美洲国家组织反腐败立法代表性文本解析

《美洲反腐败公约》作为第一份地区性反腐败法律文件，具有明显的示范和启示意义，可大大促进其他国际组织的立法进程。《美洲反腐败公约》旨在实现三个目标：做好腐败预防工作，对腐败行为进行界定并采取措施进行打击，促进各成员国大力开展反腐败合作。这为美洲各个成员国间的反腐败合作提供了法律基础，从而建立一套预防、调查、惩治和根除腐败的必要机制，提高跨国腐败案件的侦破效率。

《美洲反腐败公约》分为序言和 28 个条款，其主要内容如下。

1. 预防措施

《美洲反腐败公约》着力强调了腐败行为的预防，其第 3 条要求各缔约方在其法律框架范围内采取以下预防措施：建立正确、正直和适当履行公共职能的行为规范和实施标准；发放能确保政府官员正确理解其职责的指南；建立公职人员的财务信息披露制度和公开透明的政府采购制度；建立遏制腐败的政府税收征管系统；制定拒绝给予违反反腐败法律者以税收优惠待遇的法律；建立保护腐败行为举报人的制度；设立实施反腐败法律的监督机构；积极防范政府官员的贿赂行为，如要求企业保留准确的账簿和记录；建立鼓励民间社会参与反腐败行动的机制；研究公共职务的公平报酬与廉政之关系的预防措施；等等。[②]

---

① 杨建民. 拉美国家的反腐败国际合作研究［J］. 学术探索，2019（9）：51-59.

② 巴西奥尼. 国际刑法导论［M］. 赵秉志，等，译. 北京：法律出版社，2006：273.

2. 腐败行为①

《美洲反腐败公约》适用于广泛的腐败行为，主要列举在第 6 条中，包括：①受贿（索贿），即政府官员或公职人员索取或接受任何具有货币价值或者其他利益的物品，从而在履行公务方面作为或不作为；②行贿，即向政府官员或公职人员给予或承诺给予任何具有货币价值或者其他利益的物品，以使其在履行公务方面作为或不作为；③政府官员或公职人员为获取非法利益而在履行公务方面作为或不作为；④欺诈性使用或隐瞒腐败行为获得的财产；⑤企图，即以任何方式实施或试图实施腐败行为。公约第 7 条则强制各缔约方将第 6 条所述的犯罪行为认定为刑事犯罪，缔约方还必须根据公约为彼此之间的合作提供便利。

3. 跨国贿赂②

《美洲反腐败公约》第 8 条着重规定了跨国贿赂条款，要求各缔约方在其宪法和基本法律原则的约束下禁止和惩治跨国贿赂。跨国贿赂是指某一缔约方的国民、有惯常居所的自然人和企业向另一缔约方的政府官员给予或者承诺给予任何有关经济或商业交易的具有货币价值或者其他利益的物品，以使其在履行公务方面作为或不作为。考虑到某些国家可能存在将此类活动定为刑事犯罪的法律障碍，公约规定，一个国家如果未将跨国贿赂定为刑事犯罪，则有义务尽可能地向其他国家提供援助和合作。

4. 定罪与执法③

《美洲反腐败公约》第 11 条特别列举了一些未被其涵盖的行为，包括：①政府官员或公职人员不当使用其因履行职务而获取的任何

---

① 巴西奥尼. 国际刑法导论［M］. 赵秉志，等，译. 北京：法律出版社，2006：274.

② 巴西奥尼. 国际刑法导论［M］. 赵秉志，等，译. 北京：法律出版社，2006：274-275.

③ 巴西奥尼. 国际刑法导论［M］. 赵秉志，等，译. 北京：法律出版社，2006：275-276.

机密资料；②政府官员或公职人员不当使用其因履行职务而接触到的任何国家财产；③任何人为获取非法利益或收益，试图从当局获得某种决定而采取的作为或不作为，不论此种作为或不作为是否危害了国家财产；④政府官员将因其职位（为管理、监管或其他目的）而获取的任何属于国家的动产、不动产、金钱或证券转移给独立的机构或个人。这些内容被谈判人员认为是制定反腐败国内法的理想区域。

5. 司法协助和引渡[①]

《美洲反腐败公约》第 13 条、第 14 条规定，在各缔约方之间建立起司法协助和罪犯引渡机制。各缔约方承诺在调查阶段相互提供最大限度的司法协助，为取证和其他调查行动提供便利，且不得以银行秘密或政治原因为由拒绝刑事调查合作。对于查抄、冻结和没收的赃款赃物，缔约方应在本国法律容许的范围内转移给来源国。而根据公约第 13 条，其可作为适用范围内任意犯罪的引渡依据。此外，公约还提出建立信息交换、业务交流等制度，与联合国、欧盟等国际组织接轨，从而在更大范围内开展合作。[②]

作为美洲最具影响力的反腐败公约，其在立法层面实现了很多新的突破。

第一，对以后的反腐败国际立法有着原创性的启示。

作为历史上第一个国际反腐败公约，其不论是首次将跨国商业贿赂作为犯罪写入多国公约之内，还是设计的预防性措施、反腐败国际合作机制，都对后续国际社会反腐败国际公约和区域性条约的制定有一定的推动作用和启示性意义。[③] 如，早在 1996 年，公约就提出：促进和加强各国预防、发现、惩治和根除腐败的各种机制建设；

① 巴西奥尼. 国际刑法导论［M］. 赵秉志，等，译. 北京：法律出版社，2006：276.

② Helms. Inter-American Convention against Corruption Report［R］. Senate 106th Congress 2d Session，2000-06-30.

③ 练泰霖. 论我国海外商业贿赂犯罪的刑事规制［D］. 上海：华东政法大学，2022.

促进和规范各缔约国之间的合作，以保证预防、发现、惩治和根除腐败的各种措施和行动的有效性。又如，公约承认，一旦腐败这个恶魔出现，仅仅使用压制和惩罚是不可能解决的。因此，防重于治，应该采取精确的预防措施，消除腐败产生的条件，这需要实现制度的现代化。再如，公约认为反腐败是一个过程，而不是一个简单、孤立、没有任何合作和协调的结果，需要各缔约国持续不断地努力。为达到此目的，各缔约国还应该继续进行沟通和谈判，形成一系列补充协议。公约还指出各国采取反腐败行动的必要性，而且这样的行动需要全社会的参与。①

这些都是前瞻性的表述和顶层设计，对以后的反腐败国际立法影响很大。

第二，多措并举进行预防。②

公约所规定的预防措施包含了公职部门及公职人员、私营部门的自我规制，以及举报人、社会等第三方力量对反腐败的监督和参与。在预防公职部门腐败方面，公约要求建立公职部门的运行规范以及公职人员的行为标准和履职规范，对公职人员的财产信息定期进行申报，建立公开透明的政府采购制度等。私营部门作为腐败犯罪的主要源头，也成为预防的重点。此外，公约要求发挥第三方力量对于反腐败的重要作用，做好对腐败行为举报人的保护，鼓励社会组织、民间团体参与腐败行为的监督和治理。③

第三，首次规定跨国商业贿赂犯罪。④

《美洲反腐败公约》是首个将跨国商业贿赂作为犯罪予以惩治的公约。该公约并没有像《联合国反腐败公约》一样强制要求各国将

---

① Por Arturo González de Aragón Análisis crítico sobre el Sistema Nacional Anticorrupción [EB/OL].（2014-12-13） [2023-09-15]. https://www.proceso.com.mx/390527/analisis-critico-sobre-el-sistema-nacional-anticorrupcion-2.

② 孔祥仁. 美洲反腐败公约［J］. 中国纪检监察，1998（11）：47.

③ 周越. 跨国公司商业贿赂的法律规制研究［D］. 上海：华东政法大学，2018.

④ 孔祥仁. 美洲反腐败公约［J］. 中国纪检监察，1998（11）：47.

跨国商业贿赂行为规定为犯罪，而是在第 8 条规定，各缔约国需要在本国的法律框架内禁止和惩治跨国商业贿赂行为，同时对跨国商业贿赂采取了较为宽泛的解释，即缔约国国内的自然人和法人为了谋取经济或者商业利益，向外国的公职人员直接、间接给予或者许诺给予具有货币价值或其他利益的物品，以使其在履行公务时作为或者不作为的行为。该公约虽然不强制要求缔约国将该行为规定为刑事犯罪，但规定各缔约国有义务为其他国家开展跨国商业贿赂的执法工作提供合作。

第四，区域间执法合作。①

司法协助与引渡困难是开展反腐败海外执法的两大障碍，对此，《美洲反腐败公约》要求在各缔约国之间建立完善的司法协助与引渡机制。一方面要求各缔约国之间在法律允许的范围内尽最大努力为请求国提供证据调取、信息共享、资产追回等司法协助，不得以银行商业秘密为由拒不提供涉案账户等信息；另一方面要求各缔约国不得以政治犯不引渡等原则为由拒绝引渡构成公约所规定的犯罪的指控人，防止腐败犯罪的主体通过政治庇护等方式逃脱法律的制裁。

第五，建立美洲反腐败公约跟进机制（MESICIC）。

《美洲反腐败公约》整合各国同行建立评估体系，评估各国反腐进展、信息交换并支持各国的反腐立法改革行动。这个政府间的实体就是著名的美洲反腐败公约跟进机制，是在美洲国家组织框架下由专家委员会领导的机制。非政府组织也可以通过提交报告的形式参与这个进程。2002—2014 年，MESICIC 技术团队对公约签署国的反腐状况进行了 4 轮评估。公约签署国要对每轮的评估准备相应报告，在反腐工具交流、加强反腐合作等方面发挥了重要作用。②

① 孔祥仁. 美洲反腐败公约［J］. 中国纪检监察，1998（11）：47.

② 杨建民. 拉美国家的反腐败国际合作研究［J］. 学术探索，2019（9）：51-59.

（二）美洲国家组织带动反腐败国际立法

自《美洲反腐败公约》通过后，国际性的反腐败立法在打击和防范贿赂犯罪中的重要作用日益凸显。

《美洲反腐败公约》还对2003年的《联合国反腐败公约》的制定产生了深远的影响。《联合国反腐败公约》在制定时就采纳了《美洲反腐败公约》的立法理念与内容。

此外，与其他国际组织的反腐败公约相比，《美洲反腐败公约》规定了一个国际反腐合作的重要法律条文，即在调查和审判腐败案件时，在获取证据的过程中，各国要在认定、搜查、扣押或没收货物等方面相互支持与合作。《美洲反腐败公约》第8条规定了每个缔约国的反腐败义务，这不仅是一个巨大的进步，而且还因为把监管和惩罚的承诺作为强制性规定，[①] 使西半球的国际反腐败合作走在了世界的前列。

① 杨建民. 拉美国家的反腐败国际合作研究［J］. 学术探索，2019（9）：51-59.

第三编　实践编（下）

第十三章　国际反贪局联合会反腐败立法研究

一、国际反贪局联合会基本情况[①]

国际反贪局联合会（International Association of Anti-Corruption Authorities，IAACA），2006 年在中国北京成立，是以中国最高人民检察院为主发起的新型国际司法组织，是一个独立的非政府、非政治、非营利的司法性的国际组织，也是当今世界唯一的由各国负责侦查、起诉贪污贿赂犯罪的专门机构组成的国际反腐败组织。其成员主要包括各国负责侦查、起诉贪污贿赂犯罪的专门机关，诸如廉政公署、反贪局、反严重欺诈局等。

成立国际反贪局联合会的构想，始于 2003 年 12 月在墨西哥梅里达举行的签署《联合国反腐败公约》的高级政治会议。这一构想得到了来自阿根廷、阿塞拜疆、澳大利亚、博茨瓦纳、文莱、斐济、法国、印度、日本、韩国、拉脱维亚、马来西亚、纳米比亚、新西兰、巴基斯坦、罗马尼亚、新加坡、南非、乌干达、英国、乌拉圭、美国和委内瑞拉等国家的反贪污机构的支持，同时也得到了联合国毒品

① 新型国际司法组织：国际反贪局联合会［EB/OL］.（2006-10-24）［2023-09-20］. https：//www. chinacourt. org/article/detail/2006/10/id/222016. shtml.

和犯罪问题办公室的支持。联合国维也纳总部负责人兼联合国毒品和犯罪问题办公室执行主任长科斯塔表示，联合国将积极支持国际反贪局联合会开展活动。

2006 年 4 月，关于成立国际反贪局联合会的特别磋商会议在维也纳举行，来自法国、英国、德国、意大利、美国、阿根廷等 20 多个国家的反贪污机构，以及联合国、国际检察官联合会、亚洲预防犯罪基金会等国际组织的负责人或代表出席了会议，一致同意成立国际反贪局联合会。特别磋商会议讨论了国际反贪局联合会章程草案和发展规划，决定 2006 年 10 月在北京举行首届国际反贪局联合会年会和会员代表大会。

2006 年国际反贪局联合会第一次年会通过了《国际反贪局联合会章程》，选举产生了第一届执行委员会，国际反贪局联合会正式成立。时任中华人民共和国最高人民检察院检察长、首席大检察官贾春旺当选第一届国际反贪局联合会主席。大会还通过了国际反贪局联合会副主席、秘书长、总顾问人选。

大会通过的《国际反贪局联合会章程》规定，国际反贪局联合会是一个独立的、非政治性的反腐败组织。其宗旨是促进《联合国反腐败公约》的有效执行；向各国反腐败机关打击腐败提供国际协助；促进国际合作，以便调取和提供证据；追查、扣押和没收腐败犯罪的收益，追诉在逃的犯罪者；促进各国反腐败机关之间的良好关系的形成和协作，以推进《联合国反腐败公约》的实施。

二、国际反贪局联合会推动反腐败国际合作的探索与贡献

（一）重要会议枚举

1. 第一次年会①

2006年10月22—26日，国际反贪局联合会的第一次年会在北京召开，来自137个国家和地区、12个国际组织和机构的反贪代表出席了这次大会。时任中共中央总书记、国家主席胡锦涛在大会开幕式上发表讲话。会议的主题是“为《联合国反腐败公约》有效实行而加强国际合作”。会议通过了《国际反贪局联合会章程》，并选举产生执行委员会。会议的一个重要目标是在全面务实地对国际反贪合作进行辩论的基础上，形成一个关于国际反贪局联合会的发展方案。

2. 第四次年会②

2010年11月，国际反贪局联合会第四次年会暨会员代表大会在澳门召开。

时任澳门特区行政长官崔世安在开幕致辞中说，国际反贪局联合会成立以来取得丰硕成果，堪称国际合作的典范。本次会议揭开了国际反贪领域合作的新篇章，也为不同国家和地区的执法和司法机构在《联合国反腐败公约》框架下，落实和深化反贪领域各项合作内容增添了新的活力。

① 徐京跃，杨维汉，魏武．国际反贪大会：编织无国界的反腐“天网”[EB/OL]．(2006-10-25) [2023-09-20]. http：//news. CCTV. com/China/20061025/105982. shtml.

② 国际反贪局联合会第四次年会暨会员代表大会开幕 [EB/OL]．(2010-11-02) [2023-09-20]. http：//big5. www. gov. cn/gate/big5/www. gov. cn/jrzg/2010-11/02/content_1736621. htm.

国际反贪局联合会主席贾春旺代表国际反贪局联合会致辞。他说，国际反贪局联合会成立 4 年来，大力推动《联合国反腐败公约》的有效实施，全面增进各国、各地区反贪执法机构之间的联络、交流与合作，不断发展壮大国际反贪局联合会、扩大国际影响力，为推动国际反腐败事业发展作出了积极贡献，获得国际社会普遍认同。

联合国前秘书长代表迪米特里·弗拉西斯及国际检察官联合会主席詹姆斯·汉密尔顿先后在发言中对国际反贪局联合会的工作给予积极评价。

本次会议的主题是“《联合国反腐败公约》第四章：国际合作”。从 2010 年 11 月 3 日开始，来自 140 多个国家和地区、10 多个反腐败国际组织的 700 多位代表通过全会及分组会议形式，围绕国际反腐败合作中的引渡、被判刑人移管、司法协助、执法合作和联合侦查等重要问题，进行深入、广泛的研究与探讨。

根据章程，本次会议还选举产生了新一届的国际反贪局联合会主席和执行委员会。时任中国首席大检察官、中国最高人民检察院检察长曹建明当选为新一届国际反贪局联合会主席。

此前，国际反贪局联合会已相继在中国、印度尼西亚及乌克兰成功举办了 3 次年会暨会员代表大会。

3. 第五次年会

国际反贪局联合会第五次年会暨会员代表大会于摩洛哥马拉喀什当地时间 2011 年 10 月 23 日闭幕。

本次会议历时一天半。与会代表围绕腐败资产返还议题进行了深入研讨。来自不同国家、地区和有关国际组织的 50 余名代表分别在 2 次全体会议和 6 场分组研讨会上作了专题发言。

会议审议并通过了《国际反贪局联合会工作规划》，对国际反贪局联合会的宗旨、性质、组织机构、工作内容、工作方式和方法、与其他国际组织的合作及今后的发展目标等作了详尽的、明确的规定，为国际反贪局联合会的可持续发展作出了科学规划、指明了方向。

会议发表了《国际反贪局联合会第五次年会暨会员代表大会马拉喀什宣言》，表明了反腐败执法界对进一步加强国际合作，互相配合，积极开展资产追回和司法协助，严厉打击跨国、跨地区腐败犯罪的坚定决心。

会议就加强资产追回国际合作形成广泛共识。一是一致认为腐败资产追回是国际合作打击腐败犯罪最重要的环节和手段之一，要充分认识资产追回国际合作的现实紧迫性，密切关注腐败资金跨境转移，积极主动地加强资产追回国际合作。二是一致表示要在《联合国反腐败公约》和国内法框架内，建立和完善资产追回合作机制，相互提供最大限度的协助，努力遏制腐败资金跨境、跨地区转移。三是普遍表示要充分发挥国际反贪局联合会平台作用，加强各国反贪机构之间腐败资金跨境转移信息交换及资产追回的技术支持与合作，预防和监测犯罪所得的转移，提升开展资产追回国际合作的效率和水平。四是普遍表示需完善国内立法，积极做好国内法与《联合国反腐败公约》的衔接，尽量减少在请求国和被请求国之间存在的资产追回法律障碍，使缔约国能更有效地利用公约规定的资产查封、扣押、冻结和没收等刑事执法措施，更有效地利用在被请求国提起民事诉讼等民事法律措施，更有效地利用司法协助和引渡等方面的国际合作措施，加大腐败资产追回的力度。①

4. 第七次年会

国际反贪局联合会第七次年会 2013 年 11 月 24 日在巴拿马城闭幕。会议主题是“法治与反腐败：挑战与机遇”。来自 96 个国家和地区负责预防、调查、起诉腐败犯罪的机构和 8 个国际组织的 400 余名代表出席了会议。在为期 3 天的会议中，与会者对国际反腐败斗争战略和进展进行了评估。会议发表《巴拿马声明》，列举了国际反贪

① 简闻之. 国际反贪局联合会第五次年会暨会员代表大会闭幕［N］. 检察日报，2011-10-25（01）.

斗争取得的成绩、进展以及针对反腐败斗争提出的意见和建议，并呼吁共同努力与腐败作斗争。《巴拿马声明》强调了推进反腐立法工作的重要性。声明还呼吁尚未加入《联合国反腐败公约》的国家加快其缔约进程。①

5. 第八次年会

2015 年 10 月 31 日至 11 月 5 日，为期 2 天的国际反贪局联合会第八次年会和为期 4 天的《联合国反腐败公约》第六届缔约国会议在俄罗斯圣彼得堡相继举行。来自中国、俄罗斯、法国、印度、意大利、巴西、瑞典、埃及等 60 多个国家和国际组织的 250 多名国际知名司法官员、专家学者、律师，反腐败公约缔约国、国际组织、联合国的 2000 多名代表相继出席了上述会议。

由最高人民检察院派出的时任二级大检察官王少峰率领的检察官代表团代表最高人民检察院检察长、时任首席大检察官曹建明表达了对本次国际反贪局联合会召开的高度认同，介绍了中国预防腐败的成功经验，并代表国际反贪局联合会第九次年会承办方诚挚邀请与会成员国参会。

2015 年，《联合国反腐败公约》正值生效十周年，其一直秉持加强国内反腐败行动、提高反腐败成效、促进反腐败国际合作的宗旨。此次会议围绕公约履约审议、预防腐败、反腐败国际合作、非法资产追缴等议题进行了深入讨论。

时任国家预防腐败局副局长、中纪委国际合作局局长刘建超率团出席了会议，并在大会一般性辩论中阐述了中方的立场。中国代表团强调，反腐败是全球治理的热点和难点，加强国际合作打击腐败日趋成为一种刚性需求，并提出三点主张，即秉持务实态度，增强公约实效，深化反腐败国际合作；重视资产追回，积累合作成果；维护公

① 国际反贪局联合会第七届年会闭幕 曹建明讲话［EB/OL］.（2013-11-25）［2023-09-20］. https：//www. gov. cn/jrzg/2013-11/25/content_2534154. htm.

约履约审议机制规则，做好第二周期审议，促进健康发展。[①]

6. 第九次年会

2016年5月11日，国际反贪局联合会第九次年会暨会员代表大会在天津开幕，来自75个国家和地区的300多名代表参加会议。会议的主题是“反贪机构的未来：汲取经验和规划前景”。时任中国最高人民检察院检察长、国际反贪局联合会主席曹建明出席在天津举行的国际反贪局联合会第九次年会暨会员代表大会开幕式并致辞。他希望各国各地区反贪机构以国际反贪局联合会为平台，在《联合国反腐败公约》等国际条约框架下，密切交流增进互信，真诚合作实现互惠，探索出更多反腐败司法协作的新机制新举措，共同提升各国各地区惩治预防腐败的能力和水平。曹建明说，十年来，国际反贪局联合会以积极推动《联合国反腐败公约》有效实施为宗旨，先后成功举办了八次年会暨会员代表大会，有效促进了各国、各地区反贪执法机构间的交流合作。十年来，国际反贪局联合会围绕资产追回、预防腐败犯罪、国际合作、技术援助和信息交流、法治与反腐败等主题，先后举办了六届研讨会，为培训各国反贪专业人才、交流有益经验提供了重要平台。国际反贪局联合会已经成为国际反腐败交流与合作领域最具影响力的国际组织。[②]

7. 国际反贪局联合会2022年会员大会

2022年1月5日，香港廉政专员白韫六在国际反贪局联合会举行的会员大会上当选为新一任主席。白韫六表示，期望国际反贪局联合会能成为国际反贪合作的焦点，并在世界反贪事业中担当核心角色。他将领导国际反贪局联合会积极推动三个主要目标的实现：通过联合会新设的区域协调机制，深化各成员间的联系及合作；更积极参

① 蒋安杰，张新平，曾海涛. 第八届国际反贪局联合会大会和《联合国反腐败公约》第六届缔约国会议在俄罗斯圣彼得堡相继举行［N］. 法制日报，2015-11-11（09）.

② 国际反贪局联合会年会开幕 曹建明出席并致辞［EB/OL］.（2016-05-11）［2023-09-20］. https：//www. chinanews. com. cn/gn/2016/05-11/7867135. shtml.

与不同的国际平台及沟通渠道；强化秘书处，为联合会各成员提供更多支援。他相信，凭借香港廉政公署近50年的肃贪倡廉经验，有效的“三管齐下”反贪策略和专业的知识，能为全球反贪工作作出贡献。①

8. 国际反贪局联合会第四次执行委员会（执委会）会议

2023年4月26日，约40位海外反贪机构代表在香港出席国际反贪局联合会第四次执行委员会会议，商讨未来国际反贪合作计划和工作。香港廉政公署特别顾问兼联合会主席白韫六表示，过去几年疫情给联合会和国际反贪工作带来前所未有的挑战，但联合会一直与各反贪机构保持紧密联系，在线上举行多场会议及培训活动，积极推进多项反贪合作和交流计划的实施，包括由执委会成员提倡的区域协调机制，取得良好成效。从2022年1月白韫六出任主席至今，联合会加入了36个新成员，使得反贪机构会员增至159个。出席联合会第四次执委会会议的成员包括来自阿塞拜疆、南非、文莱、希腊、肯尼亚、马来西亚、摩洛哥、罗马尼亚、塞内加尔、新加坡的反贪机构首长和代表，以及联合国毒品和犯罪问题办公室的主管人员。联合会在香港的秘书处办公室亦于2023年4月26日启用。白韫六在开幕礼致辞时说，新设立的办公室有效协助秘书处履行反贪职责、管理联合会日常事务，以及为联合会成员和全球反贪伙伴筹备会议和组织培训活动，同时亦表明对联合会长远发展的决心。②

（二）十多年的探索与贡献

十多年来，国际反贪局联合会在促进《联合国反腐公约》的实

① 香港廉政专员白韫六当选国际反贪局联合会主席［EB/OL］．（2022-01-06）［2023-09-20］．http：//www. jl. chinanews. com. cn/gatq/2022-01-06/183587. html.

② 国际反贪局联合会在港召开会议［EB/OL］．（2023-04-26）［2023-09-20］．https：//www. chinanews. com/dwq/2023/04-26/9997492. shtml.

施，促进各国反腐败机构在打击贪污贿赂犯罪上的国际合作等方面创造了不平凡的业绩，作用和影响力与日俱增。

一是作为第一个由我国发起成立的国际司法合作组织，国际反贪局联合会在联合国毒品和犯罪问题办公室等国际组织的支持下，十多年来，先后在中国北京、印度尼西亚巴厘岛、乌克兰基辅、中国澳门、摩洛哥马拉喀什、马来西亚吉隆坡、巴拿马巴拿马城、俄罗斯圣彼得堡、中国天津、中国香港等地相继举办十余次年会暨会员代表大会，有效促进了各国、各地区反贪执法机构间的交流合作。

二是积极组织各国、各地区会员在腐败犯罪预防、资产返还以及反腐败国际合作等领域开展建设性合作，推动《联合国反腐败公约》有效实施，受到国际社会的广泛认可。正如联合国毒品和犯罪问题办公室腐败与经济犯罪条约主管迪米陲·弗拉西斯所说，联合国毒品和犯罪问题办公室一直十分支持国际反贪局联合会的工作，联合会的作用和影响力与日俱增，赢得国际社会的关注与肯定。二十国集团反腐工作小组会议联合主席、法国经济财政和工业部财政厅厅长特别代表佛罗伦沙·简布兰科·里斯利亚表示，他们在《联合国反腐败公约》提供的框架下工作的同时展开国际合作，国际反贪局联合会建立的反贪机构网络，为他们在诸多方面提供了借鉴和交流的机会。目前，国际反贪局联合会已经成为国际反腐败交流与合作领域最具影响力的国际组织。

三是搭建了国际反腐合作有效平台。国际检察官联合会总顾问拉斯姆斯·万达尔说，国际反贪局联合会提供了很好的合作框架和平台。“各国各地区反贪机构可以国际反贪局联合会为平台，推动各国各地区相互借鉴反腐机构建设的有益经验。”①

① 赵阳. 国际反贪局联合会走过十年［N］. 法制日报，2016-05-13（04）.

第十四章　世界审计组织与反腐败立法

一、世界审计组织基本情况

世界审计组织（International Organization of Supreme Audit Institutions，INTOSAI），成立于1953年，由联合国成员国及其专门机构成员的最高审计机关组成，是独立自治的非政府组织。世界审计组织是一个代表外部政府审计机构的组织，也是最高审计机关国际准则体系（ISSAIs）和世界审计组织良治指南的制定机构。世界审计组织是目前国际公认的最具权威性和影响力的全球政府审计专业组织，现有195个全权会员、5个协作会员及2个附属会员（具备准会员资格的机构）。此外，亚洲、欧洲、非洲、拉美、阿拉伯地区、太平洋地区、加勒比地区等7个地区分别成立了地区性审计组织，与世界审计组织有密切合作。

世界审计组织具有联合国经济及社会理事会的特别咨询身份。组织的核心价值观是“独立、正直、专业、可信、包容、合作、创新”，其目标是促进各成员国审计机关帮助所在国政府充分考虑广大人民的利益，提高绩效、增加透明度、坚守责任、维护信誉、打击腐败、提升公众信任，培养更有效地取得和使用公共资源的能力，推动实现良好治理。世界审计组织秉持其宗旨“经验分享，人人共惠”，为各国最高审计机关提供交流合作的平台，在各成员间进行见识、经验和成果的交换，这成为最高审计机关在新的社会发展中取得持续进步的保证。

世界审计组织由世界审计组织大会、理事会、秘书处、地区性组织、委员会等机构组成。

世界审计组织大会是该组织的最高权力机构，由所有成员组成，每三年召开一次会议，在各大洲轮流举办。

世界审计组织理事会由 18 名成员组成，经各地区组织推荐，由大会选举产生，向全体成员负责，每年召开一次会议，理事会主席经竞选产生，是世界审计组织最高级别代表和主要发言人。

世界审计组织秘书处常设在奥地利审计院，由奥地利审计院院长担任秘书长。

世界审计组织下属机构还包括在四大战略目标（责任制和职业准则、机构能力建设、知识共享和知识服务、国际组织典范）下常设的委员会、工作组和特别工作组。7 个地区性组织设有大会、理事会、秘书处以及工作组等机构，负责开展本地区的审计交流与合作。

世界审计组织与联合国、国际议会联盟（IPU）、国际会计师联合会（IFAC）、国际内部审计师协会（IIA）、经济合作与发展组织，还有世界银行和其他捐助团体，都是合作伙伴，保持着密切和良好的关系。

根据世界审计组织通过的《最高审计机关的基本审计准则——公共部门审计的基本原则》，所有公共部门审计都是为了促进良治，最高审计机关是国家治理机制的重要支柱。最高审计机关主要通过以下四种方式促进良治：一是促进公共资金和资产的合理使用并提高公共行政管理绩效，二是促使负责监管公共资金活动的机构更好地发挥职能，三是提供对有关公共部门独立和客观的审计结果，四是提供信息和综合分析及建议。

国际上政府审计公认的准则体系是世界审计组织颁布的最高审计机关国际准则体系。其具体包括两部分内容：一是最高审计机关国际准则，旨在为最高审计机关的职责、基本审计原则和审计指南设定基础性原则；二是世界审计组织良好治理指南，目的是推动公共部门实现良治。[①]

在历任主席、秘书处及各国最高审计机关的平等参与和共同努力下，世界审计组织先后颁布了《世界审计组织利马宣言——关于审计理念的指导原则》《世界审计组织墨西哥宣言》等文件，阐明国家审计的基本原则和理念；制定了有关国家审计和良治的《最高审计机关国际准则》《世界审计组织良治指南》等一系列文件；与多个国际捐助机构和国家发展机构签署了合作谅解备忘录，促进各国最高审计机关的能力建设。

二、世界审计组织的反腐败实务操作

“审计”一词源于3000多年前的中国。[②] 审计实质上是国家依法用权力监督制约权力的行为，其本质是国家治理这个大系统中一个内生的具有预防、揭示和抵御功能的“免疫系统”，是国家治理的重要组成部分。

加强国际合作、促进共同发展、实现互利共赢，是世界审计组织70年发展历程的重要经验。世界审计组织保持对所关注议题的前瞻性和针对性，不断完善战略规划机制，在全面了解当今社会的新兴事

① 准则体系分为四个层次：第一层次是根本原则，旨在处理建立独立高效的最高审计机关的相关问题，并为审计规则提供指南，如《利马宣言》等。第二层次是最高审计机关履行职能的前提，包括世界审计组织发布的最高审计机关有效运行和遵守职业守则的必要前提，如《墨西哥宣言》等。第三层次是基本审计原则，阐释公共部门审计的实质，确保公共部门进行高效、独立的审计并得到广泛认同，如《公共部门审计的基本原则》《绩效审计的基本原则》等。第四层次为审计指南，将基本审计原则细化为具体日常审计工作操作指南，如《绩效审计指南》等。与第四层平行的还有世界审计组织为公共部门制定的内部治理与会计标准的良治指南，主要包含世界审计组织对各国政府及其他负责公共资金管理的机构的建议。

② 约瑟夫·莫瑟. 世界审计组织和最高审计机关的职责及贡献［J］. 审计与经济研究，2012（3）：3-8.

宜和审计发展的基础上开展研究，组织交流，宣传成果，成为公共部门审计的先导者。

世界审计组织参与全球治理规则的制定及治理实务，成为全球治理的伙伴方和参与方，及时发现并揭示经济风险、打击腐败、维护世界经济平稳运行等国际事务和全球化问题。

（一）世界审计组织在提高透明度、推动问责制领域的努力①

2011 年 7 月 13 日至 15 日，联合国与世界审计组织第 21 次研讨会在奥地利维也纳召开，会议主题为“在推动公共问责领域，最高审计机关与公民的合作实践”。研讨会旨在推动公共问责领域的实践，并支持最高审计机关通过与公民合作来改善审计工作。最高审计机关的审计工作有助于确保公共治理领域的问责制的实施和透明度。

研讨会的核心目标是确认最高审计机关与公民之间的成功合作实践，突出合作所采用的革新性方法，从而加强政府审计工作，更好地达到造福于民的目标。此次研讨会共有来自 66 个最高审计机关（超过世界审计组织成员总数的 1/3）的约 140 名代表以及多个国际组织，包括联合国、国际议会联盟、国际预算促进会（IBP）以及德国国际合作机构（GIZ）的代表。来自最高审计机关以及联合国经济与社会事务部（UNDESA）、联合国公共行政专家委员会（UNCEPA）、联合国毒品和犯罪问题办公室的 26 名代表向大会作了报告。参加研讨会的代表最后达成了若干关于确保最高审计机关和公民间有效合作的一致建议和结论，进一步强化了世界审计组织与联合国的合作伙伴关系，并承诺支持国际议会联盟采取措施，强化各国议会在实施监督、履行预算和审计职能领域的能力。

① 约瑟夫·莫瑟. 世界审计组织和最高审计机关的职责及贡献［J］. 审计与经济研究，2012（3）：3-8.

（二）世界审计组织致力于打击腐败

世界审计组织一直致力于打击腐败，早在 1996 年，世界审计组织就将“最高审计机关在打击腐败和防止管理不善过程中的作用”作为与联合国共同召开的研讨会的主题。①

1998 年在蒙得维的亚举行的世界审计组织大会上，通过的蒙得维的亚共识着重提出了下述建议，即最高审计机关通过以下手段，能为打击腐败作出卓有成效的贡献。①保持财务、职能和运营的独立性；②获取尽可能广泛的审计授权；③在对财务和内部控制制度的效率和效果进行评价方面发挥积极的作用（特别是内部审计）；④最高审计机关的审计战略应关注特别容易滋生腐败的领域和会计事项；⑤公布审计报告，同媒体建立有效的联系；⑥最高审计机关同其他参与反腐败斗争的国家和国际机构进行合作；⑦推动制定公共部门道德准则。②

世界审计组织国际反洗钱和反腐败特别工作组成立于 2007 年墨西哥世界审计组织大会期间。工作组致力于制定有关指南，交流防范腐败的经验以及为全球性、综合性反腐败策略制定有关标准及实施手段。③

2009 年，联合国与世界审计组织第 20 次研讨会召开，主题为“世界审计组织——国际反腐败网络中的积极合作伙伴：保障透明度，以提升社会保障、消除贫困”。此次研讨会再次阐述了各国在反腐败斗争中所面临的挑战，着重指出了世界审计组织及其成员国最

---

① 约瑟夫·莫瑟. 世界审计组织和最高审计机关的职责及贡献［J］. 审计与经济研究，2012（3）：3-8.

② 约瑟夫·莫瑟. 世界审计组织和最高审计机关的职责及贡献［J］. 审计与经济研究，2012（3）：3-8.

③ 约瑟夫·莫瑟. 世界审计组织和最高审计机关的职责及贡献［J］. 审计与经济研究，2012（3）：3-8.

高审计机关在反腐败斗争中作出的贡献，并将下列事宜列为审计工作优先考虑的事项：拓展审计授权，弥合审计差异，国家审计准则的相关性，关注特别容易滋生腐败的领域（采购、内部控制等）。研讨会强调推动国际合作、加强知识和经验分享、共同制定反腐败指南的重要性。研讨会最终达成了有效打击腐败的一致结论和建议。①

2010 年 11 月 27 日，第 20 届世界审计组织大会在南非经济中心约翰内斯堡闭幕，大会通过了《世界审计组织约翰内斯堡共识》和《世界审计组织战略规划（2011—2016）》。大会一致决定，由中国审计署承接 2013 年第 21 届世界审计组织大会的举办权。时任中国审计署审计长刘家义在本届大会上被推举成为世界审计组织第一副主席，并在 2013 年担任世界审计组织的主席。②

2013 年 10 月 26 日，第 21 届世界审计组织大会在北京落幕，大会通过的《世界审计组织北京宣言》（简称《北京宣言》）是唯一正式成果文件。它是继《世界审计组织利马宣言》和《世界审计组织墨西哥宣言》之后，世界审计组织以宣言形式发布的又一份纲领性文件。时任世界审计组织主席、中国审计署审计长刘家义表示，宣言的核心是明确了各国最高审计机关的作用和目标，即推进政府良治和全球治理。“各国审计机关不仅要促进本国可持续发展、反腐败、增加透明度和强化问责，而且要使全世界最高审计机关形成一个有机整体，共同推动全球实现良治。”刘家义强调。就审计机关如何具体推动良治、实现经济社会可持续发展，刘家义认为，“要健康发展，就有两大问责必须有效落实，一是改革，一是强化问责、反对腐败”。刘家义还说，审计机关要通过揭示风险、查出问题、提出改革的意见和建议，以及加强权力运行监督等，进一步推动法治建设，强

① 约瑟夫·莫瑟. 世界审计组织和最高审计机关的职责及贡献［J］. 审计与经济研究，2012（3）：3-8.

② 李建民. 第 20 届世界审计组织大会在南非闭幕［EB/OL］.（2010-11-28）［2023-09-25］. http：//news. sohu. com/20101128/n277963279. shtml.

化上述两大问责。[1]

三、世界审计组织主导反腐败审计立法

（一）形成宣言或决议性质的文件：以《北京宣言》的软法效力为例

世界审计组织曾先后颁布过著名的《世界审计组织利马宣言》和《世界审计组织墨西哥宣言》，这些宣言虽然不具备法律强制约束效力，但其呼吁的审计"独立性"现已为世界公认，并成为审计的最基本原则。

"《北京宣言》作为一个指南，能够推进各国公共制度建设。"世界审计组织秘书长约瑟夫·莫瑟认为，外部审计能够促进更加透明、可靠的财政资金管理和制度完善，今后世界审计组织也将继续加强问责、反腐败，强调透明度。

《北京宣言》围绕"最高审计机关促进良治"这个主题，在汇集世界审计组织第21届大会两个主议题研讨成果的基础上，按照"历史—现实—未来"的脉络，总结世界审计组织的历史，分析最高审计机关面临的现实机遇与挑战，明确最高审计机关的使命和目标，展望世界审计组织的未来。

宣言分正文和附件两大部分。正文的主要内容包括：[2]

"序言"，重申了世界审计组织的理念、宗旨和作用，强调了第66届联合国大会第209号决议——《通过加强最高审计机关提高公

① 陈炜伟，张晓松. 世界审计组织第二十一届大会通过《北京宣言》［EB/OL］.（2013-10-26）［2023-09-25］. https：//www. gov. cn/jrzg/2013-10/26/content_2516037. htm.

② 《北京宣言——最高审计机关促进良治》中文版正式发布［N］. 光明日报，2014-02-14（03）.

共行政效率、问责、效果和透明度》的主要内容，概括了世界审计组织第21届大会的主要内容和总体结论。

第一章“世界审计组织的成就与经验”，回顾了世界审计组织60年的发展历程，特别强调了其突出成就，包括确定公共部门审计独立性、高效率和优效果根本原则的《世界审计组织利马宣言》、反映最高审计机关独立性的《世界审计组织墨西哥宣言》、有助于加强全世界公共部门审计的《最高审计机关国际准则》框架，以及第66届联合国大会通过的第209号决议。

第二章“最高审计机关促进国家良治”，概括了本次大会第一主议题“国家审计与国家治理”的研讨成果。国家审计是国家治理的重要组成部分，最高审计机关应当继续致力于维护民主法治、提高政府效能、预防并打击腐败、保障国家安全、促进改善民生和推动透明问责，以促进国家良治，实现社会、经济和环境的可持续发展。

第三章“维护财政政策长期可持续性”，概括了本次大会第二主议题“最高审计机关在维护财政政策的长期可持续性领域的作用”的研讨成果。最高审计机关应当通过强化政府会计报表审计、公共财政绩效审计、公共债务审计、财政财务合规审计、公共财政政策评估等，保障本国财政政策可持续，促进国家良治。

第四章“实现全球良治——共同的目标”，对两个主议题的研讨成果进行了深化和扩展，结合当今世界挑战无所不在、全球化日益加剧的现实，倡导各国最高审计机关与世界审计组织携手应对，在促进国家良治的基础上，通过承担共同的责任、抵御共同的风险、采取共同的行动、发出共同的声音，促进全球良治。

第五章“大会结论”，强调世界审计组织应该更具前瞻性和外向性，并围绕着《世界审计组织战略规划（2011—2016）》所确定的四个战略目标，从继续完善职业准则、加强能力建设、鼓励知识分享、建设典范机构四个方面，对世界审计组织未来工作进行了规划，同时特别提到世界审计组织将在《联合国2015年后发展议程》中发挥作用。

《北京宣言》还包括四个附件：①

附件 1 是《北京共识》，汇集了本次大会“国家审计与国家治理”和“最高审计机关在维护财政政策的长期可持续性领域的作用”两项主议题的研讨结果。

附件 2 是第 21 届世界审计组织大会认可的《最高审计机关国际准则》《世界审计组织良治指南》和正式文件清单。

附件 3 是第十二号最高审计机关国际准则《最高审计机关的价值与裨益——在公众的生活中发挥重要作用》全文。

附件 4 是更新后的世界审计组织机构图。

《北京宣言》为世界审计提出了科学的发展方向，未来各国的审计将加大反腐力度，加大问责力度，让社会更加公平公正。

《北京宣言》明确提出国家审计是国家治理的重要组成部分，并在其附件 1《北京共识》中指出，国家审计在国家治理中如同人体中的“免疫系统”，应当而且能够发挥自身独有的预防、揭示和抵御功能。《北京宣言》不仅关注一国最高审计机关如何完成使命、实现目标，而且关注在全球化时代，世界审计组织和各国最高审计机关一道，如何在各国间、区域间，乃至全球范围内采取协调或合作方式，妥善应对和解决全球性问题。②

这显示出世界审计组织主导反腐败审计立法与影响反腐败国际立法的重要作用。

（二）推进世界审计领域反腐败立法

推进世界审计领域反腐败立法，需要有两大前提：一是各国形成

① 章轲. 促进良治是各国最高审计机关的共同目标［EB/OL］. https：//www. audit. gov. cn/n9/n459/n462/c15752/content. html.

② 《北京宣言——最高审计机关促进良治》中文版正式发布［EB/OL］.（2014-02-14）［2023-09-25］. https：//www. 163. com/news/article/9L2F5G8500014JB5. html.

了共识；二是有具有影响力的国际组织组织、协调与推进审计领域的反腐败立法。

《北京宣言》的出台，表明世界审计组织是这一反腐败立法推进者的不二选择对象。

1. 促进良治共识的形成

世界审计组织第一次站在国家治理的高度明确地表述了国家审计是国家治理的重要组成部分。尽管从历史发展过程和各国审计实践来看，国家审计始终是国家治理的重要组成部分，但是这种认知长期处于潜意识或无意识状态。《北京宣言》达成的共识将有助于促进各国最高审计机关树立完善国家治理的意识。

如果说《世界审计组织利马宣言》宣告了一个机制的诞生，《世界审计组织墨西哥宣言》则是对最高审计机关独立性的保证，第21届世界审计组织大会达成的共识则解决了审计机关应该做什么以及如何做的问题。审计目标明确，才能定位好最高审计机关前进的方向；审计任务清晰，才能把握好最高审计机关奋斗的路径。

对各国最高审计机关来说，最高审计机关促进良治的构想业已提出，在本国宪法或其他法律授权范围内落实构想是一种更高的能力要求。最高审计机关及其人员需要站在国家治理的角度思考组织发展战略，年度审计计划，审计项目的选择，审计组织方式方法，审计成果的内容、提交对象和方式，以及审计建议等。①

2. 中国与世界审计组织

中国审计署自1982年加入世界审计组织以来，经历了从跟着别人干到领着大家干的过程，随着中国经济社会持续发展，中国审计事业不断发展，审计地位不断提升。

在刘家义任世界审计组织主席任内（2013—2017年），世界审计

① 崔振龙．最高审计机关促进良治已成为国际共识［EB/OL］．（2014-02-13）［2023-09-25］．https：//www. audit. gov. cn/oldweb/n9/n459/n462/c15753/content. html.

组织通过完善并促进各国认可和采用最高审计机关国际准则，做国际审计规则的制定者和推广者；通过对全球重要及突发事宜进行前瞻性研究并提出建议，做全球治理的建言者；通过推动由最高审计机关实施国际组织和地区性组织的外部审计，加强与联合国、世界银行等多边机构的沟通协商，做全球治理的参与者；积极参加多边活动，在国际性和区域性议题上发出声音，做最高审计机关的代言人；建设成为良治的典范机构，提升国际影响力。[①]

① 章轲．促进良治是各国最高审计机关的共同目标［EB/OL］．（2014-02-13）［2023-09-25］．https：//www．audit．gov．cn/n9/n459/n462/c15752/content．html．

第十五章 透明国际参与和推动反腐败立法研究

一、透明国际基本情况

透明国际是致力于遏制腐败的影响力最大的非政府间国际组织。透明国际成立于1993年，总部设于德国首都柏林。透明国际以反腐败为唯一议题，在其成立的前4年内，快速在60个国家设立分会。目前，透明国际在全世界各个国家和地区已经设立100从个分会。

透明国际组织的创始人彼得·艾根（Peter Eigen）原本是世界银行负责非洲发展项目的主管，基于对腐败的痛恨，联合德国卸任官员与企业界于1993年共同设立全球第一个针对反腐败议题而倡议的国际组织——透明国际。①

透明国际的组织机构主要包括理事会、各国分部、国际秘书处、顾问委员会以及其他志愿者等。

自成立之日起，30多年来，透明国际作为全球最大的以反腐败为唯一议题的非政府间国际组织，在推进国际反腐败进程、推动世界各个国家或地区建设清廉政治方面取得了显著的成效。

① 彼得·艾根. 全球反腐网：世界反贿赂斗争［M］. 吴勉，等，译. 成都：天地出版社，2006：10-15.

二、透明国际的反腐败行动

（一）开展反腐败宣传

（1）透明国际积极推动落实多边反腐败公约，多方搜集各行各业中预防和治理腐败方面的行为规范，努力推动各国政府和企业签署并落实这些公约。

（2）透明国际定期主持或参与国际或地区性反腐败会议。为激起国际社会对反腐败运动的关注，透明国际每年选定一个会员国家（或地区）召开年会（Annual General Meeting，AGM），同时还召开两年一度的国际反腐败研讨会（International Anti-corruption Conference，IACC），集中各国研究反腐败问题的专家交流信息，评估现行的反腐败策略，探讨新的反腐败措施，[①] 有力推进世界各国家和地区的反腐败工作。

（3）鼓励各国投身反腐败运动的团体和个人。打击腐败不能只限于签署国际协议，更重要的是在世界各地有一些勇于揭发腐败行为与创造变革的团体与个人。为了肯定这些团体与个人的勇气和决心，透明国际特别设立了透明国际正直奖（TI Integrity Awards），该奖项于 2000 年 9 月在加拿大渥太华举办的透明国际年会中首度颁出。[②]

（二）推动反腐败研究

透明国际推动大量反腐败研究工作，分析了腐败涉及的各个方

① 李秀峰. 廉政体系的国际比较［M］. 北京：社会科学文献出版社，2007：392.

② 李秀峰. 廉政体系的国际比较［M］. 北京：社会科学文献出版社，2007：392.

面，并在全球层面、国家层面和更小的范围内提出了打击腐败的实际行动建议。

1. 构建反腐败研究网络

透明国际反腐败研究网络（Anti-corruption Research Network，ACRN）中汇集了世界各地的很多权威学者和专家，作为一个开放性的互动平台来促进腐败相关问题的平等对话和创新研究。在反腐败研究网络上，通过这个互动平台和按季度出版的ACRN内刊，学者们可以学习反腐败课程，关注、分享和讨论最新最热门的腐败案例，公布反腐败研究界的最新成果，搜集反腐败的调查数据，进行反腐败项目和研究计划的招标，等等。ACRN每半年举行一次大型的反腐败研讨会，推进相关领域研究发展。①

2. 倡导国家廉政体系建设

1993年前后，透明国际率先提出建构国家廉政体系的想法。透明国际指出，建构国家廉政体系的优势在于提供了对腐败问题的诊断方法和潜在的治疗方法。它不是关注单独的制度（如司法机关）或单独的规则和实践（如刑法），继而聚焦在某项鼓励的改革计划上，而是开始在一个整体性方案中审视各种措施的相关性、相互依存度和综合有效性。②

（三）开发反腐败工具

透明国际努力开发了几项重要的反腐败工具，简要介绍如下。

1. 清廉指数和行贿指数

由于腐败具有隐秘性，我们很难清楚地了解一个国家到底发生了多少腐败，腐败会引起多大的经济损失和什么样的政治后果，腐败

① 方文新. 透明国际研究［D］. 兰州：兰州大学，2011.

② 杰瑞米·波普. 制约腐败：建构国家廉政体系［M］. 清华大学公共管理学院廉政研究室，译. 北京：中国方正出版社，2003：36-59.

的严重程度。这些问题一直是反腐败研究的重点，也是反腐败研究的难点。[①]

透明国际根据各种腐败调查结果，分别从1995年和1999年开始，公布清廉指数（或称腐败印象指数）和行贿指数。这两项指数逐渐在全球被广泛用来衡量腐败情况。

透明国际主席彼得·艾根指出，清廉指数显示，许多发达国家的腐败程度甚至比发展中国家更为严重。这些发达国家必须采取措施来治理腐败，落实已签署的一系列反腐败国际公约。[②]

2. 腐败在线研究与信息系统

透明国际顺应网络信息时代的需求，开发了腐败在线研究与信息系统，系统收录了超过6000个参考书目目录和1000多份全文文献以供查阅。

（四）发布全球腐败报告

透明国际自1995年开始每年发布全球清廉指数报告，自1999年开始发布行贿指数报告。这两种报告均受到了各国的重视，成为衡量一国腐败程度和投资环境的一个重要因素。清廉指数报告1995年仅涵盖45个国家和地区，到2021年已涵盖180个国家和地区。2001年起，透明国际开始出版全球反腐败报告，就全球反腐败情况进行综合分析，涵盖政治、司法、卫生、建筑、水资源、私营部门、气候变化等多个领域的反腐败问题。

① 胡鞍钢，过勇. 国际组织对各国腐败状况的评价体系概述［J］. 政治学研究，2001（4）：9-11.

② 李秀峰. 廉政体系的国际比较［M］. 北京：社会科学文献出版社，2007：400-401.

三、透明国际推动国际组织反腐败立法进程实务[①]

透明国际的愿景是建立一个没有腐败的世界，其宗旨是禁止腐败，提高社会各个层次、各个领域的透明度和廉洁性，加强问责，即通过国际协作，鼓励国家制定、实施有效的政策、法律和反腐败规划，控制腐败；加强公众对反腐败规划的理解和支持，提升国际商事交易、政府采购的透明度，加强问责制；鼓励国际商事交易主体以最高的廉洁性和诚信度，参与国际商事交易。

透明国际一边持续努力监控腐败并开发反腐败工具，一边加强与国际上具有影响力的组织的结盟合作，希望能促使全球社会迈向更廉洁的目标。除各国政府之外，透明国际还与联合国、世界银行、经济合作与发展组织等国际性组织，就某些具体课题进行合作与研讨。

1. 透明国际与《联合国反腐败公约》

透明国际以各种形式参与联合国相关机构发起的反腐败专案，其中成果最为显著的是草拟和协商《联合国反腐败公约》。透明国际以观察员的身份，参与了所有的协商过程，并且每个会期提交相关计量书给公约草拟委员会，来表明透明国际的立场与主张。例如，透明国际提议将公开透明的原则加入该公约的第十条。2003 年，透明国际被联合国经济与社会委员会聘任为特约顾问。2004 年 12 月 9 日，在透明国际的倡议下，联合国决定将每年的 12 月 9 日确立为国际反腐败日，以纪念公约的签署和唤起国际社会对腐败问题的重视与关注。[②]

① 董夏坤. 透明国际反腐败研究［D］. 北京：外交学院，2016.

② 董夏坤. 透明国际反腐败研究［D］. 北京：外交学院，2016.

2. 透明国际与世界银行[①]

透明国际坚持认为，反腐败固然是内政问题，但是全球反腐败运动是国际关系层次的议题，而不仅是各国的内政问题。因此，透明国际自 1995 年第九任世界银行行长詹姆斯·沃尔芬森就任以来，积极与世界银行展开合作，为反腐败作出不懈努力。

沃尔芬森就任之前，谈论腐败是世界银行各种会议的禁忌，其组织成员也不得以个人身份参与任何反腐败会议或论坛，以避免外界联想。[②] 沃尔芬森在 1995 年至 2005 年任职十一年期间受人称道的政绩之一就是公开抗击腐败行为。而他的积极作为之所以能发挥影响力，除了其个人领导风格独树一帜之外，也因为透明国际对他的正确引导与有力协助。在透明国际的倡议与跨国运作下，沃尔芬森领导的世界银行加入全球反贪的跨国倡议网络，成为合作伙伴之一，它们共同促成主权国家作出改变，转而同意切断政府高官与跨国企业之间的跨国贿赂链。

3. 透明国际与经济合作与发展组织[③]

透明国际运用多种方式推进国际腐败治理的改革。

首先是参与和影响政府间国际组织的反腐败法律文件的起草和制定，如在 OECD 和联合国反腐败公约的制定过程中有透明国际的身影。早在其成立之初，透明国际即呼吁 OECD 制定反腐败法律文件。1994 年，在透明国际的呼吁下以及美国政府的压力下，OECD 通过了反腐败建议，将海外腐败行为规定为刑事犯罪，并最终于 1997 年通过了反腐败公约，禁止在国际经济交往中对外国公职人员和国际组织官员进行贿赂，禁止对贿金予以税收抵免。

1997 年，经济合作与发展组织制定了《OECD 反贿赂公约》，但

① 董夏坤. 透明国际反腐败研究［D］. 北京：外交学院，2016.

② 彼得·艾根. 全球反腐网：世界反贿赂斗争［M］. 吴勉，等，译. 成都：天地出版社，2006：10-15.

③ 周银强. 国际商事交易中反腐败法律问题研究［D］. 武汉：武汉大学，2013.

这个公约在许多国家的执行状况却不甚乐观。

透明国际一直在追踪这些公约签署国的执行状况，并且要求各国改善他们的执行成效。2003 年，透明国际在经济合作与发展组织的分部针对这些国家的执行状况进行调查，随后完成了对 11 个国家的观察报告。此后，透明国际在巴黎与 39 位来自 19 个国家的专家进行会面，共同探讨该公约在各个国家的执行情况与改善对策，并向经济合作与发展组织反贿赂工作小组提交书面报告书，就如何克服该公约的执行障碍给出可行性建议。透明国际要求各国采取相应的具体措施，包括建立中央政府专责机关来负责海外行贿案件、划拨更多资源来执行这项公约并提高社会关注度、建立更多元的检举渠道与改善国际司法合作等。

透明国际 2005 年开始对 OECD 国家履行《OECD 反贿赂公约》的情况进行评估，2018 年的评估结果显示奥地利、加拿大、芬兰和韩国打击跨国腐败的力度不足。①

四、透明国际的社会活动与社会贡献②

透明国际自 1993 年成立以来，在反腐运动上取得了丰硕的成果，也为世界反腐败工作作出了巨大贡献。

（1）倡导反腐败观念，唤醒公众的反腐意识。透明国际在国际价值体系中确立透明与监督的理念，以价值观的改变来影响人们的行动。在透明国际的倡议下，《联合国反腐败公约》现已为 140 个国家所签署。

---

① Transparency International. Exporting Corruption-Progress Report 2018: Assessing Enforcement of the OECD Anti-Bribery Convention [EB/OL]. [2023-09-25]. https://www.transparency.org/whatwedo/publication/exporting_corruption_2018.

② 高春玲. 透明国际智库的工作理念、运行机制及发展动态 [J]. 智库理论与实践, 2018 (4): 59-69.

（2）建立国际反腐败统一战线，通过加强与有关国际组织和各国反贪机构之间的联系，扩大反腐败影响，从行贿、受贿两个方面打击腐败。

（3）开办透明国际诚信学校。透明国际诚信学校是一所针对未来领导人的顶尖的反腐败和问责制培训机构，由透明国际与维尔纽斯的米科拉斯·罗默里斯大学（Mykolas Romeris University in Vilnius）合作创办，招生面向大学的高年级学生、硕士研究生和35周岁以下的年轻专业人士，这些人士渴望学习如何对抗腐败，以及如何在自己的国家实现更高的透明度。经过严格的选拔过程，入选的学员会利用7天时间高强度向反腐败和问责制的专业人士学习。课程完成后，学员将获得6个ECTS（欧洲学分转换和累积系统）学分。透明国际诚信学校会让学员了解反腐败和问责领域的最新发展，并提供切实的机会，让他们在实践中尝试和实施他们的想法，旨在创造一个平等的学习和诚信构建的环境，将理论与实践联系起来，帮助年轻的领导人在传播反腐败信息方面获得更好的技能。透明国际诚信学校的讲座、研讨会、培训和实地考察为学员提供了全球和本地技能独特融合的平台，同时学校也要求学员着手处理相关主题问题，并提供新颖的、之前未经检验的解决方案。自2010年以来，透明国际诚信学校已经接待了来自全球120多个国家的1600多名青年领袖，也积累了大量的校友资源。①

（4）组织国际反腐败系列会议。国际反腐败研讨会于1983年开始举行，是民间社会、学术界、政府、国际组织和私营部门打击腐败的主要全球论坛，通常每两年在世界不同地区举办一次，与会者人数可达1000~2000名。IACC由IACC理事会管理，这是一个非营利性的非法人团体。自1997年以来，透明国际作为IACC的秘书处，在组织IACC方面发挥了重要作用，有效推动了全球反腐败运动的交流

① Transparency International. About school [EB/OL].[2023-09-25]. https://transparencyschool.org/about-school/.

与合作。①

（5）充分利用社交媒体。数字时代下，使用多种传播手段、借助各类媒体平台推广和传播学会的研究成果正成为透明国际发展与舆论传播的新形态。在 2017 全球智库排名中，透明国际在全球社交网络利用最佳智库方面，排名第 2。透明国际在社交媒体 Facebook、Twitter、Google+、RSS、Flickr、Youtube、Linkedin 上都开通了社交账号，充分利用社交媒体发声，以有效打击腐败。同时社交媒体也为民众与透明国际进行实时交流提供了传播渠道，公众可以及时有效地了解透明国际的反腐败领域与反腐败动态，也可以及时通过透明国际社交平台向腐败发声。

五、透明国际反腐败行动的局限性

透明国际近年来在国际社会生活中的影响力不断增强，已经成为国际反腐败运动中的重要力量。

当然，透明国际在反腐败中的局限性也是明显的。如：作为非政府组织，透明国际欠缺国际法的立法与执法能力，在政府间国际组织开会时只能有限度地参与，而无法行使投票权。另外，透明国际各国分部在该国开展反腐败活动的规模和程度也在很大程度上依赖于该国政府的支持程度，因而更显被动。② 又如：透明国际的清廉指数的科学性与公正性有所欠缺。③ 再如：有限的资金来源使得反腐败工作受到影响，在实际工作中，透明国际不得不受某些捐款多的国家政府机构的影响，在一定程度上有失公正性，尤其是对发展中国家不利。

① Transparency International. IACC series [EB/OL]. [2023-09-25]. https://www.transparency.org/whoweare/accountability/international_anti_corruption_conference_iacc_series/2.

② 董夏坤. 透明国际反腐败研究 [D]. 北京：外交学院，2016.

③ 过勇，宋伟. 清廉指数的腐败测评方法与局限性 [J]. 经济社会体制比较，2013（5）：151-160.

第十六章 国际商会与反腐败立法研究

一、国际商会基本情况

国际商会（International Chamber of Commerce，ICC）成立于1919年，是全球最大、最具代表性的商业组织，其来自100多个国家的600多万家会员[①]遍布了商业活动的各个领域。国际商会的主要工作包括3个方面：规则制定、争端解决以及政策倡议。由于其成员单位及商会自身都从事国际商业活动，国际商会在制定管理跨国商业规则方面具有无与伦比的权威性。国际商会制定的规则尽管不是强制性规则，但是在每天的交易中广泛使用，并且成为国际商事规则的一部分。企业、国家和国际组织（包括联合国、世贸组织、世界银行和G20）都将国际商会视为国际商业领域的权威。[②]

国际商会是联合国经济社会理事会的一级咨询机构。它与UN、WTO和G20等保持密切合作。

1919年10月，国际商会由在美国新泽西州大西洋城举行的国际贸易会议发起，1920年6月国际商会在巴黎成立，总部设在巴黎，

---

① 《国际商会商业诚信资料汇编》［EB/OL］.（2019-03-16）［2023-09-30］. http：//www. ccoic. cn/cms/content/13585.

② 国际组织（含ICC和WCF）简称［EB/OL］.（2018-08-23）［2023-09-30］. http：//www. ccoic. cn/cms/content/1988.

宗旨是：推动国际经济的发展，促进自由企业和市场组织的繁荣，促进会员之间经济往来，协助解决国际贸易中出现的争议和纠纷，并制定有关贸易、银行、货运方面的规章和条款。

国际商会的组织机构包括理事会、执行局、财政委员会、会长、副会长及前任会长和秘书长、所属各专业委员会和会员、会员大会，此外还设有国家特派员。国际商会现下设 24 个专业委员会及工作机构。

全球最重要的企业自治共同体——国际商会制定的规则体系广泛地应用于国际贸易中。

国际商会从 20 世纪 70 年代开始，一直致力于为国际商事交易创造公平的市场竞争环境，致力于国际商事交易中的反腐败斗争。

二、国际商会推动反腐败国际合作与立法的探索与贡献

（一）国际商会反腐败立法的历史演进[①]

国际商会是一个为全球商业服务的、重要的民间经贸组织。它十分重视制定商业交易规则，特别关注国际商业交易中的勒索和贿赂等腐败行为对国际经济贸易产生的负面影响。它明确指出“商业社会反对一切形式的勒索和贿赂”。

1977 年，国际商会出台《关于在国际商业交易中反敲诈和贿赂的建议》，呼吁国际社会切实加强反贿赂立法，并通过政府间协议保证其效力。

1977 年底，国际商会制定《关于打击敲诈和贿赂行为规则》，其

① 周银强. 国际商事交易中反腐败法律问题研究［D］. 武汉：武汉大学，2013.

又被称为《国际商会抗击腐败规则》。该规则禁止企业出于任何目的的勒索和贿赂，除要求禁止贿赂官员外，还明确提出了禁止私营部门的腐败。①

1994 年，国际商会设立反敲诈和贿赂常设委员会，其负责对反腐败规则进行修订，并与 OECD 就反腐败问题以及《OECD 反贿赂公约》的起草和通过等进行建设性探讨。

2002 年，反敲诈和贿赂常设委员会重组为反腐败委员会。在《联合国反腐败公约》缔结过程中，反腐败委员会积极参与公约草案的讨论，将国际商务界关心的与反腐败相关的问题纳入谈判之中，并就公约草案发表书面意见，表达国际商会对国际反腐败的关切。

2006 年，国际商会作为国际商务界的代表，又向公约缔约国大会提交了对公约的执行和监督机制、技术援助、资产追回等问题的建议。

国际商会也反对私营部门之间的腐败。国际商会特别强调公司企业的反腐败作用，倡导和要求公司企业制定守规方案，创建公司企业的廉洁诚信文化，禁止其员工及第三人等直接或间接地向国际组织官员，政府或地方公职人员、政党、政党官员，公司企业的董事、管理人员或雇员实施行贿等腐败行为。这在其反腐败规则中有明确反映，而且在其对反腐败公约工作组、《联合国反腐败公约》缔约国大会等发出的各种文件中有所体现。如 2005 年，国际商会主席和反腐败委员会主席给秘书长的联名信件中提到，希望能够采取行动，对私营部门的贿赂问题予以重视，将之纳入反腐败建议之中。

2007 年 6 月 27 日，在 OECD 反贿赂工作组举行的私营部门、工会和民间团体代表非正式座谈会上，国际商会反腐败委员会向工作组提交了书面意见。国际商会认为，各种腐败，不论供方（主动）腐败还是受方（被动）腐败，都对国际商事交易产生严重的不利影

① 陈雷. 国际社会治理商业贿赂的做法［J］. 福建政法管理干部学院学报，2006（4）：13-15.

响，严重扭曲公平的市场竞争，均应受到严厉打击。公约仅对供方腐败进行规制，未对受方腐败作出禁止，且公约仅禁止公职部门的腐败，没有将私营部门的腐败涵盖其中，不能将腐败作为一个整体对待，在打击腐败、实现公平市场竞争秩序方面存在结构性障碍和缺陷，降低了打击腐败的有效性。国际商会希望OECD能够就国际商务界关心的重点问题，诸如间接贿赂、促进费、政治捐赠、私营部门贿赂等予以明确界定和厘清，建议扩大公约的适用范围至私营部门之间的腐败等。

为了更有效地打击国际商事交易中的腐败行为，国际商会还设计、制定和发布了许多与反腐败规则配套的文件和出版物，将其作为公司企业的反腐败工具使用。如继2012年对《国际商会抗击腐败规则》修订后，2011年，国际商会反腐败委员会与国际商法与惯例委员会根据该规则为公司企业设计了《国际商会反腐败条款》，提供了三种反腐败条款模式，供跨国公司、各类中小企业在合同中选择使用。让反腐败在私营部门的贸易来往中更具可执行性。此外，国际商会还出版了其他反腐败出版物，将其作为公司企业的反腐败工具，指导公司企业的反腐败工作，如《国际商会反腐败手册》《反腐败案例2008》《国际商会举报指南2008》《抵制（国际交易中的敲诈勒索）》等。目前，国际商会反腐败委员会的优先工作就包括了促进《国际商会抗击腐败规则》《国际商会反腐败条款》《抵制（国际交易中的敲诈勒索）》等在国际商务界的广泛使用。

（二）国际商会反商业腐败规则体系[①]

国际商会自成立以来一直是反商业腐败的主要推动力。早在1977年，国际商会就首次制定商业反腐败规则。国际商会制定的六

① 国际商会（ICC）帮助企业抗击商业腐败的六种途径［EB/OL］.［2023-09-30］. http：//www. ccpit. org/Contents/Channel_3519/2016/1226/737800/content_737800. htm.

个反腐败政策工具，在全球影响巨大。

1. 国际商会反腐败规则体系概述

（1）《国际商会抗击腐败规则》。

作为国际商会反腐败工作的基础，这些规则为商业交易树立了较高标准。在适用国家法律和重要国际文书的前提下，作为一种企业自我调节机制，这些条款为企业抗击不道德的商业行为奠定了坚实的基础。

（2）《国际商会反腐败条款》。

2012 年，经国际商会企业责任与反腐败委员会以及国际商会商法与惯例委员会的重新编写，该条款已经成为确保合作双方互信的重要措施，防止商业腐败行为影响商业关系。

（3）《国际商会道德与合规培训手册》。

为正面抗击腐败，国际商会开发了该培训手册，为企业提供高质量的企业诚信与合规信息。该手册为企业提供了 17 个需要遵循的事项，主要包括：风险评估、培训教育、揭发举报、内部调查、抵制教唆、合资企业以及国际商会反腐败条款等。

（4）《国际商会反腐败中小企业第三方尽职调查》。

《国际商会反腐败中小企业第三方尽职调查》旨在鼓励中小企业树立尽职调查目标，开展尽职调查工作。其聚焦中小企业在进行第三方供应商、承包商以及顾问的交易中所面临的腐败风险，以及在国内外市场的背景下如何应对这些风险。

（5）《国际商会礼品和接待指南》。

礼品和接待向来被视为商业惯例，但如果不加限制就会跨越红线，出现腐败。ICC 建立了明确的指导方针，帮助企业确认和保持严格符合政策的礼品和接待行为。这些规则清晰界定了商业贿赂行为，避免混淆，防止产生不诚实的商业行为，乃至腐败。

（6）《国际商会第三方揭弊指南》。

揭弊是企业公司反腐败的核心和关键。它在揭示企业公司不正当行为方面起到了不可估量的作用。国际商会的准则帮助企业建立明确的企业政策，增强企业反腐败意识，为企业员工营造良好的揭弊环境，促使企业在不合法行为出现之前规避腐败风险。事实证明，效果不错。

2. 国际商会反腐败规则体系评析

（1）国际商会反腐败规则体系的特点与作用。

《国际商会抗击腐败规则》是在总结各个国际组织关于反腐败缔约基础上形成的标准化条文，可操作性极强，便于所有成员使用。另外，《国际商会抗击腐败规则》旨在促使企业在遵守本国有关法律和重要国际性法律文件的前提下加强企业自律。该规则以企业的自愿遵守为前提。[①]

《国际商会反腐败条款》提出三种引用方式供企业写入合同。其重要意义在于：一是有助于来自不同国家、不同文化的企业在反腐败上达成共识；二是使反腐败在企业贸易过程中具有可执行性；三是将条款引入合同的方式也让违规违约有案可据。

《国际商会道德与合规培训手册》《国际商会反腐败中小企业第三方尽职调查》《国际商会礼品和接待指南》《国际商会第三方揭弊指南》等，覆盖领域全面，是可操作性强的反腐败规则，也是务实的反腐败规则。

此外，国际商会反腐规则体系旨在强调和规范所有企业本身需注重的合规建设，增强国际商务的透明度和企业间的相互信任，形成公平公正的市场竞争秩序。国际商会反腐败规则体系不仅强调和指导企业本身的反腐败合规建设，而且强调企业有义务监督并保证相关联的第三方行为的合规性。[②]

---

① 关注. 国际商务反腐败规则研究报告要点［EB/OL］.（2014-05-14）［2023-09-30］. http：//m. sinotf. com/News/index/id/174258.

② 关注. 国际商务反腐败规则研究报告要点［EB/OL］.（2014-05-14）［2023-09-30］. http：//m. sinotf. com/News/index/id/174258.

ICC 的反腐败规则体系不仅强调了企业本身必须注重合规建设，而且具体指导了企业在国际商务的反腐败方面应该如何作为。ICC 反腐败规则体系的企业合规计划要素全面而具体，包含了反腐败的良好实践，从高层支持、制度设计、内部控制、风险防控、内部指导、财务监督、惩戒措施和保障措施等方面指导企业应该如何有效地制定合规性计划，这对于企业的腐败预防具有重要的实际意义。①

（2）关于国际商会反腐败规则体系的效力问题。

在跨国贸易中，反腐败的国际惯例较相关的国际法规更具有普遍意义。因为反腐败的国际惯例是在多年的国际贸易实践中产生，且行之有效，是各方面各环节的预防措施，也确实避免了绝大多数的贸易摩擦，促进了贸易进程。而反腐败的国际法规，大都用于解决已出现的贸易摩擦，预防的作用是很有限的。因此，国际法规虽然比国际惯例有强制力，但它的实际作用反而小得多。如：从 ICC 出台的其他惯例规则所展现出来的约束力和影响力来看，ICC 的反腐败国际惯例规则必将产生更大影响力，ICC 反腐败的条款也必将成为未来国际商务的重要准则。②

三、国际商会引导和影响反腐败国际立法

（一）发挥引导立法的作用

作为一个世界性的商业组织，国际商会率先推动商业交易中诚

① 关注. 国际商务反腐败规则研究报告要点［EB/OL］.（2014-05-14）［2023-09-30］. http：//m. sinotf. com/News/index/id/174258.

② 关注. 国际商务反腐败规则研究报告要点［EB/OL］.（2014-05-14）［2023-09-30］. http：//m. sinotf. com/News/index/id/174258.

信原则的进一步发展。

国际商会的引领性作用主要体现在如下方面。

1. 制定反腐败规则

国际商会是第一个发布反腐败规则的商业组织，早在 1977 年国际商会就出版了《关于打击敲诈和贿赂行为规则》。此后，国际商会也为企业负责人的商业行为制定了一套强有力的实用规则和准则。

2. 编纂反腐败商业惯例

《国际商会抗击腐败规则》发布的另一个目的是向企业提供准确、实用的指引，指导企业如何在自愿的基础上将有效的流程和机制用于打击腐败和勒索行为的实际行动中。

国际商会指引构成了良好的商业惯例，但不具备规定性的法律效力。

3. 设计国际商会反腐败培训方案

为了进一步推进商业诚信，国际商会发布了四个版本的《国际商会道德与合规培训手册》，该出版物是由企业为企业设计的，其中阐述了同道德规范和合规有关的具体指导。此外，国际商会于 2017 年 3 月向其各国委员会发布了《国际商会反腐败道德和合规培训》，以便各国根据本国的具体情况开展面对面培训。

（二）影响政府国际组织的反腐败立法

目前，国际商会企业责任与反腐败委员会和 G20 反腐败工作组、《联合国反腐败公约》、OECD 反贿赂工作组之间已建立了直接对接的工作机制。如由 30 位世界顶级 CEO 组成的 ICC G20 CEO 顾问小组为了促进 G20 落实承诺，帮助 G20 成员国识别优先项目、掌握时间进度，制定了 ICC G20 商界评分计分卡。ICC 每年要按设定的量化标准，对 G20 进行反腐评估。它将直接影响 G20 项目选择、实施排序、掌控时间进度，推动全球反腐败标准趋同。

又如：ICC 的反腐败规则在 UN、WTO、G20 中的作用及影响日益加深。ICC 对于 G20 的影响包括：一是 ICC 下属的 G20 顾问团队——B20 每年和 G20 有对话，并撰写报告向 G20 提出政策建议；二是 B20 对 G20 有评价体系，包括 ICC G20 Scorecard、Open Market Index 等；三是 ICC 为 G20 撰写全球调查报告，供 G20 峰会的各国领导团队参考，保证国际商务在 G20 的议程中得到体现。[①]

① 关注. 国际商务反腐败规则研究报告要点［EB/OL］.（2014-05-14）［2023-09-30］. http：//m. sinotf. com/News/index/id/174258.

第四编　应对编

前述各章，通过对各类国际组织反腐败立法活动的透视，从不同的视角、不同的领域展示了其影响国际反腐败立法的历史，其法律文本设计精准，可操作性强，并能根据具体情势的变化适时加以修订，为形成系统、完备的国际反腐败法律体系作出了各自的贡献。这些立法贡献，值得立法者与研究者再三回味、思考与研究。

国际组织的反腐败立法，对中国的影响极为深远。无论是在研究如何履约，如何从反腐败理念、反腐败制度设计、反腐败执法、司法等方面全方位地与国际接轨，还是在研究如何不断提升反腐败国际合作与立法的话语权，如何倡导、推进反腐败国际合作与立法，建设公正、合理的国际新秩序等方面，中国都以国际反腐败立法作为接轨对象。这一切都会在潜移默化中进行与完成。

中国作为世界上最大的发展中国家，作为世界第二大经济实体，理应承担更多的国际责任，包括推动全球腐败治理的责任。面对“百年未有之大变局”，面对广大新兴国家期盼参与全球治理，建立更为公正、合理的国际新秩序的渴求，中国必须在维护以《联合国反腐败公约》为中心的反腐败国际规则的基础上，对单边主义、强权霸凌外交坚决说不，同时，必须积极推进国际反腐败合作与立法，为全球治理不断贡献中国智慧与中国方案，从而构建休戚与共的人类命运共同体。

展望未来，中国应在如下方面主动作为：一是继续遵循“条约必须遵守”的国际法原则，积极履约；二是在“百年未有之大变局”情势的倒逼下，主动担当，为全球腐败治理贡献中国方案与中国智慧；三是更多地加入国际组织，更多地参与反腐败国际合作，向国际社会讲好新时代中国廉洁故事，不断提升在反腐败国际规则制定中的话语权；四是坚持“统筹国内、国际两个大局”，加强反腐败国家立法，同时，推进反腐败国际合作与立法。

第十七章　中国对以《联合国反腐败公约》为中心的国际反腐败规则的适用

国内法与国际法的互动，一方面体现为国内立法与缔结、参加的国际条约、协定接轨；另一方面体现为国内法对国际法形成的参与和影响。新中国成立以来，我国始终坚持条约必须遵守原则，依法行使权利，积极履行国际义务。特别是自 1971 年第 26 届联合国大会以压倒性多数通过第 2758 号决议，恢复我国在联合国的合法席位以来，我国坚定维护以联合国为核心的国际体系和以国际法为基础的国际秩序，并广泛、深度参与国际条约制定。截至 2022 年 3 月，经全国人大常委会决定批准或加入的条约、重要协定共 440 件。①

党的十八大以来，全国人大及其常委会不断推进国内法与国际法的双向互动。

一是在国内法与国际法衔接方面，对于已批准的条约，我国认真履行条约义务，综合考虑条约的具体情形和我国实际情况，做好条约的国内适用工作。其中，有些条约通过国内立法转化适用，有些条约通过国内立法明确直接适用。前者如 2018 年制定的《中华人民共和国国际刑事司法协助法》，为有效履行各类刑事司法协助条约、加强国际合作打击跨国犯罪和海外追逃追赃增加一些内容，从而与我国缔结或加入的有关国际条约要求相一致。后者如法律规定的原则：民商事领域的国际条约在国内可以直接适用。在实践中，还有一些条约

① 全国人大常委法制工作委员研究室. 加强涉外领域立法 加快构建系统完备、衔接配套的涉外法律规范体系［J］. 民主与法制，2022（18）：53-60.

要求国内法与条约规定一致才能缔结。对此，应在决定批准或加入条约之前对有关法律进行调整。此外，我国认真参加条约机构对我国执行条约情况的审议，并结合我国国情，在立法修法的过程中考虑条约机构的意见建议。

二是国内法对国际法的影响方面，我国国内法治理念、原则和实践为提出全球治理中国方案奠定坚实基础。习近平总书记在重大国际场合分别提出构建人类命运共同体、“一带一路”倡议等，为推动全球治理提供了中国方案、贡献了中国力量。

中国政府于2003年12月10日签署《联合国反腐败公约》，中国始终以零容忍的态度惩治腐败，兑现履约承诺。中国始终坚持与维护以《联合国反腐败公约》为中心的反腐败国际规则体系，推进反腐败国际合作与立法。

一、对《联合国反腐败公约》的履约

2023年是《联合国反腐败公约》通过20周年。截至2021年11月，《联合国反腐败公约》的缔约国已达189个，随着反腐败逐渐成为全球治理的热点之一，合作应对腐败成为国际社会主流共识，《公约》的地位和作用愈加突出。①

（一）中国是《联合国反腐败公约》的坚定支持者和维护者②

高度重视并大力加强反腐败国际合作，是党的十八大以来以习

① 梅芬.《联合国反腐败公约》走过15年：合作应对腐败 中国步履坚实［J］. 中国纪检监察，2018（21）：60-62.

② 梅芬.《联合国反腐败公约》走过15年：合作应对腐败 中国步履坚实［J］. 中国纪检监察，2018（21）：60-62.

近平同志为核心的党中央深入推进反腐败斗争的一个鲜明特点。习近平总书记多次在重要会议、会见外宾、出访交流等不同场合强调加强反腐败国际合作与开展国际追逃追赃工作，要求"打虎""拍蝇""猎狐"一起抓，追逃与防逃一体推进，站在道义制高点上谋划和推动反腐败斗争。他明确提出并亲自推动在二十国集团、亚太经合组织、《公约》等多边框架下加强追逃追赃国际合作，为反腐败全球治理贡献中国方案，赢得了国际社会高度评价。

我国于2003年签署《公约》，2005年批准《公约》，是最早签署和批准《公约》的国家之一。从《公约》制定初期开始，我国一直是积极的参与者和支持者。特别是党的十八大以来，我国积极落实履约义务，展示出负责任的大国形象。以习近平同志为核心的党中央坚定不移全面从严治党，坚决打击腐败，取得了举世瞩目的成效。

我国自2013年7月起接受《公约》第一周期履约审议。审议报告高度赞赏中共十八大以来的反腐败决心、措施和成果，积极评价我国履约工作。

中国积极推动国内法律法规与《公约》规定衔接。近年来，中国建立并完善与《公约》总体一致的反腐败法律体系，先后颁布《中华人民共和国反洗钱法》《中华人民共和国监察法》《中华人民共和国国际刑事司法协助法》，修订《中华人民共和国刑事诉讼法》《中华人民共和国公务员法》《中华人民共和国刑法》，完善监察法与刑事诉讼法的衔接，实现对国家公职人员监督全覆盖。

这些法规制度的出台，为我们接受《公约》第三章、第四章审议打下了坚实基础。

（二）《联合国反腐败公约》是国际合作的重要法律依据

我国利用《公约》开展反腐败国际合作拥有诸多有利条件。党的十八大以来，党中央坚定不移推进反腐败斗争，为世界反腐败贡献了中国智慧和中国方案，占据道义制高点，为反腐败国际合作创造了良好国际环境。国家监察体制改革后，国家监察委员会开展反腐败国际合作的资源和手段更加丰富，国际刑事司法协助立法工作稳步推进，在体制机制上提供了有力保障。我国连续开展“天网行动”，积极开展多双边反腐败交往对话，与90多个国家建立了合作关系，影响力和话语权不断提升，队伍素质和能力进一步增强。①

利用《公约》开展合作存在现实需求。追逃追赃工作越深入，越需要《公约》框架下的各种司法执法合作。未来，我国既要立足反腐败需要履行缔约国义务，充分利用《公约》开展反腐败务实合作，也要继续利用好联合国的舞台参与反腐败国际规则制定，为全球治理腐败贡献更多中国智慧，为构建人类命运共同体贡献更大力量。②

二、与联合国签署反腐败合作谅解备忘录

2019年10月，中国国家监委与联合国签署反腐败合作谅解备忘录，这是国家监委成立后首次同联合国签署反腐败合作文件，双方将围绕预防和惩治腐败、资产追回、信息分享和交流、培训和能力建设、“一带一路”倡议及促进联合国2030年可持续发展目标的落实等开展务实合作。这一文件的成功签署，体现出国际社会对我国监察体制改革和国家监委的充分理解和认可，对促进《联合国反腐败公约》实施，完善相关机制，推动双方开展国际追逃追赃、廉洁丝绸之路建设等合作具有重要意义。此次签署备忘录，还将推动建设

① 梅芬.《联合国反腐败公约》走过15年：合作应对腐败 中国步履坚实［J］.中国纪检监察，2018（21）：60-62.

② 梅芬.《联合国反腐败公约》走过15年：合作应对腐败 中国步履坚实［J］.中国纪检监察，2018（21）：60-62.

《公约》国家主管机关在线名录的通信平台和合作机制。实现反腐败国际追逃追赃的顺畅、高效，提升打击跨国腐败犯罪的能力和水平，离不开各国反腐败机构之间加强经验交流、对话与有效合作。[①]

中国近年来的成功实践，为世界共同打击腐败贡献了中国经验、中国智慧和中国模式。构建人类命运共同体，建设风清气正的丝绸之路，建设美丽、平等、安全的世界未来，中国始终满怀诚意、满怀信心、步履坚定。[②]

三、发布《中国联合国合作立场文件》

当前，世界格局深刻变革，世界经济艰难复苏，同时和平与发展仍然是时代主题，维护多边主义、加强团结合作、共同应对挑战的呼声更加强烈。2021 年是中华人民共和国恢复联合国合法席位 50 周年。[③] 2021 年 10 月 22 日，外交部发布《中国联合国合作立场文件》。[④]

立场文件展现了 50 年来中国对联合国各领域工作作出的突出贡献，就维护多边主义、促进全球发展、团结抗击疫情等重大国际问题阐述中方立场和主张。

立场文件指出，中国始终高举多边主义的旗帜，践行真正的多边主义，坚持国际上的事由大家商量着办，世界前途命运由各国共同掌

① 聂新鑫. 国家监委成立后首次同联合国签署反腐败合作文件，怎么看？［N］. 中国纪检监察报，2019-10-22.

② 聂新鑫. 国家监委成立后首次同联合国签署反腐败合作文件，怎么看？［N］. 中国纪检监察报，2019-10-22.

③ 1971 年 10 月 25 日，第 26 届联合国大会以压倒性多数通过第 2758 号决议，决定恢复中华人民共和国在联合国的一切权利，承认中华人民共和国政府的代表是中国在联合国的唯一合法代表。

④ 中国联合国合作立场文件（全文）［EB/OL］.（2021-10-22）［2023-09-30］. http: // www. gov. cn/xinwen/2021-10/22/content_5644384. htm.

握，坚决反对单边主义、保护主义和霸凌行径，坚决反对搞集团政治、小圈子等形形色色的“伪多边主义”，推动全球治理体系朝着更加公正合理的方向发展。中国将同世界各国携手前行，为推动构建人类命运共同体而不懈努力！

主场文件指出：中国深入参与《联合国反腐败公约》谈判，坚定维护《公约》反腐败国际合作主渠道地位，积极参加历届缔约国会议和相关工作组会议，认真履行《公约》义务，高度重视《公约》履约审议。中国积极参与反腐败问题联合国大会特别会议，深入阐释反腐败国际合作主张，推动构建更加公正合理的全球反腐败治理体系。

四、做好全方位接轨国际反腐败法的工作

党的十八大以来，中国在全球腐败治理中发挥着愈来愈重要的作用。

近年来国际形势不确定因素增加，单边主义和霸凌主义抬头，给全球反腐治理带来新挑战。中国主张，反腐不应搞双重标准，不应以反腐之名行侵害他国主权利益之实。《联合国反腐败公约》应当在国际反腐治理中继续发挥主渠道作用。[①] 全面实施《公约》是全球腐败治理的“生命线”，重在遵约守诺。遵约守诺是《公约》有效实施的活力之源。

中国将继续坚定支持多边主义，切实履行《公约》，全方位接轨国际反腐败法；同时，也将不断为国际社会贡献中国智慧。

① 外交部副部长罗照辉在《联合国反腐败公约》第八届缔约国会议上的发言［J］. 中国国际法年刊，2019（0）：482-484.

第十八章　中国参与、推进反腐败国际立法的前瞻

从前述国际组织反腐败立法的章节，我们可以得到一些应对“百年未有之大变局”的策略。

一是要尽可能多地参加反腐败国际组织，在国际组织中积极宣传中国的反腐败理念、方案与智慧，扩大共识，为以后设置反腐败专门议题、主导国际反腐败立法做准备。

二是要积极推进反腐败国际立法的实践探索。

三是要不断提升推进反腐败国际立法的话语权。

一、尽可能多地加入反腐败国际组织

唯有参与国际合作，才能跟上反腐败国际立法的步伐，最终获得领跑机会。

唯有尽可能多地加入国际组织，才有机会参与诸多国际组织的重要会议，在诸多领域中努力提升中国的国际影响力与国际话语权。

作为最大的发展中国家、联合国安理会五大常任理事国之一，中国在维护世界的和平、稳定上不可或缺，在全球治理的进程中不可或缺，在构建人类命运共同体的过程中不可或缺。在推进反腐败国际立法中，中国同样不可缺位，必须有担当，有作为。

目前，中国虽然已经成为联合国工作日益重要的贡献者，以及国

际合作的主要支柱之一，但中国仍须积极加入更多的反腐败国际组织，在更多组织中积极宣传中国的反腐败理念、方案与智慧，扩大反腐败共识，并牵头组织举办更多反腐败国际会议，将发展中国家面临的反腐败问题更多地提上国际社会讨论议程。这将是未来的工作重点之一。

二、积极推进反腐败国际立法的实践探索

党的十八大以来，中国共产党和中国政府坚决反对腐败，积极加强国际合作，并致力于在制度层面不断完善发展，愿意与世界各国共同打击腐败的决心和态度始终坚如磐石。

（一）国家领导人高度重视反腐败国际合作，与各国达成普遍共识

有媒体统计，仅2014年11月一个月内，中国国家主席习近平在多个场合7次谈及追逃追赃和反腐败国际合作。2014年11月9日，习近平主席会见加拿大总理哈珀时表示，中国正在加大反腐败斗争，中加双方应该在执法领域包括追逃追赃问题上加强合作。11月11日，习近平主席在APEC第二十二次领导人非正式会议上致闭幕辞："我们大力推动亚太反腐败合作，建立亚太经合组织反腐败执法合作网络，就追逃追赃、开展执法合作等达成重要共识。"11月12日，习近平主席在人民大会堂同美国总统奥巴马举行会谈。两国元首表示，双方支持APEC领导人非正式会议通过的《亚太经济合作组织北京反腐败宣言》，强调各国不应成为腐败分子和腐败资金的避风港，同意加强反腐败机构和执法机构在个案调查、信息交流和能力建设方面的合作，共同打击各类跨国腐败犯罪活动。11月16日，习近平

主席出席 G20 峰会并发表讲话时指出：“深化反腐败国际合作。”“建设反腐败合作网络，返还腐败资产，拒绝为腐败官员提供避罪港。”11 月 17 日，习近平主席同澳大利亚总理阿博特会谈时表示：“中方重视同澳方加强司法执法、追逃追赃合作，共同打击腐败犯罪。”11 月 20 日，习近平主席同新西兰总理约翰·基会谈时表示：“双方要加强防务、执法交流，在打击腐败、追逃追赃等方面开展合作。”11 月 22 日，习近平主席同斐济总理姆拜尼马拉马会谈时表示：“中方感谢斐方协助中国政府开展海外追逃追赃工作，希望继续加强两国执法合作。”许多学者认为，中国最高领导人就反腐败国际合作问题如此密集地表态，彰显了中国反腐败的决心和信心。①

习近平总书记在中央政治局和中央纪委相关会议上多次强调：既要加快与外逃目的地国签署引渡条约、建立执法合作，使企图外逃分子丢掉幻想、望而却步，也要加强对国际规则和国际组织情况的深入研究，深入了解和掌握有关国家的相关法律和引渡、遣返规则，加强追逃追赃的国际合作。②

近年来，习近平主席还在 APEC、G20、金砖国家会议及出访他国等重要外交场合时，多次表达加强反腐败国际合作的明确立场，主动推出相关反腐措施并积极予以落实，这成为中国积极倡导国际反腐败新秩序的重要内容。

（二）“促进反腐败国际合作”多次写入中央文件

党的十九届四中全会通过《中共中央关于坚持和完善中国特色社会主义制度 推进国家治理体系和治理能力现代化若干重大问题的

① 孙艳敏. 媒体统计：习近平一个月内七次谈及反腐败国际合作［N］. 检察日报，2014-12-09（21）.

② 习近平在中央有关会议上对国际追逃追赃工作的重要讲话［EB/OL］.（2017-11-15）［2023-09-30］. http：//fanfu. people. com. cn/n1/2017/1115/c64371-29648321. html.

决定》（简称《决定》），提出积极参与全球治理体系改革和建设，“高举构建人类命运共同体旗帜，秉持共商共建共享的全球治理观，倡导多边主义和国际关系民主化，推动全球经济治理机制变革”。“维护联合国在全球治理中的核心地位，支持上海合作组织、金砖国家、二十国集团等平台机制化建设，推动构建更加公正合理的国际治理体系。”《决定》在“坚持和完善党和国家监督体系，强化对权力运行的制约和监督”部分，强调构建一体推进不敢腐、不能腐、不想腐体制机制，明确要求“坚定不移推进反腐败斗争”，“深化标本兼治”，“推进反腐败国家立法，促进反腐败国际合作”。

十九届中央纪委五次全会再一次指出，要深入推进反腐败国际合作和国际追逃追赃。

党的二十大报告强调“深化反腐败国际合作，一体构建追逃防逃追赃机制”。二十届中央纪委二次全会对此进一步作出部署。要从维护国家安全和国家利益出发，高度深化反腐败国际合作，深入推进新时代新征程追逃追赃和跨境腐败治理高质量发展，为打赢反腐败斗争攻坚战持久战提供有力支撑。①

这些表明了中国共产党与中国政府反腐败的坚强决心与态度、行动。

（三）加大政策宣传和研究力度，掌握国际反腐败话语的主动权

中国在国际舞台上反复强调求同存异、务实共赢的反腐合作理念，在多边合作中逐步增强主导权和影响力。从《北京反腐败宣言》到 G20 高级原则，中国紧紧围绕发展中国家亟待解决的国际追逃追

① 李鹃．广安观潮丨敢于斗争善于斗争 坚定不移追逃追赃［N］．中国纪检监察报，2023-03-22（03）．

赃主题，主动提出了一系列有针对性的国际反腐败合作倡议和举措，专门成立反腐败追逃追赃研究中心，推动国际反腐败合作向务实方向发展。

（四）务实推进国际反腐败合作

面对腐败这个世界性难题，推进反腐败全球治理、加强反腐败国际合作已然成为势不可挡的时代潮流。反腐败始终是国际多边合作重要议题。

联合国、二十国集团、亚太经合组织、金砖国家、国际刑警组织、世界银行等就加强反腐败国际合作达成共识，建立了各自框架下的合作机制。不给腐败分子提供“避罪天堂”、拒绝腐败分子入境、建设反腐败执法合作网络，成为国际社会共同遵循的准则。

因应国际反腐败形势的变化，习近平总书记在 2014 年 12 月 5 日中央政治局集体学习时指出：“我们不能当旁观者、跟随者，而是要做参与者、引领者，善于通过自由贸易区建设增强我国国际竞争力，在国际规则制定中发出更多中国声音、注入更多中国元素，维护和拓展我国发展利益。”① 习近平总书记的重要讲话，是中国积极推进反腐败国际合作与立法的根本遵循。

伴随着一系列“主客场”外交的顺利推进，中国有力占据了道义制高点，中国的反腐败声音也越来越得到国际社会的认可与肯定。

2014 年 11 月，亚太经合组织第 26 届部长级会议通过了《北京反腐败宣言》。这是第一个由中国主导起草的国际性反腐败宣言。

2016 年 9 月，G20 杭州峰会批准通过了《二十国集团反腐败追逃追赃高级原则》，确定了以“零容忍、零漏洞、零障碍”为主要内

① 加快实施自由贸易区战略，加快构建开放型经济新体制［EB/OL］.（2014-12-05）［2023-09-30］. http：//theory. people. com. cn/n1/2018/0103/c416126-29742921. html.

容的反腐败追逃追赃十条原则，推动在华设立 G20 反腐败追逃追赃研究中心。

2017 年 5 月，在北京举行的首届“一带一路”国际合作高峰论坛，达成了加强反腐败领域合作等多项共识，明确提出将“一带一路”建设成为“廉洁之路”。

2017 年 9 月，金砖国家领导人第九次会晤在厦门举行。与会领导人就加强反腐败合作达成重要共识，并将其写入《金砖国家领导人第九次会晤厦门宣言》。

2017 年 11 月，第二十次中国—东盟领导人会议发表了《中国—东盟全面加强反腐败有效合作联合声明》。这是中国—东盟领导人会议首次在反腐败领域发表联合声明。

2017 年，中国分别与美国、加拿大、澳大利亚、新西兰等国家就重点个案开展联合调查，与东南亚、加勒比地区等加强对口磋商，推动与土耳其签署引渡条约，与肯尼亚签署引渡和刑事司法协助条约，与意大利、芬兰等 7 国签署金融情报交换协议，内地与香港特区加大反腐败执法合作力度。追逃追赃对外合作网络越织越密。

2018 年 1 月，中拉论坛第二届部长级会议通过《中国与拉共体成员国优先领域合作共同行动计划（2019—2021）》，明确双方扩大在《联合国反腐败公约》框架下的反腐败双边、多边合作，以及在反走私、反洗钱、反逃税和非法资金流动领域的双边、多边合作。

2018 年 7 月，金砖国家领导人第十次会晤在南非约翰内斯堡举行。与会领导人就加强反腐败国际合作达成重要共识，并将其写入《金砖国家领导人第十次会晤约翰内斯堡宣言》。这是自 2014 年以来，金砖国家领导人会晤连续第五次将反腐败国际合作相关共识写入宣言。

2018 年 9 月，中非国家领导人就加强反腐败国际合作达成重要共识，并将其写入《关于构建更加紧密的中非命运共同体的北京宣言》和《中非合作论坛——北京行动计划（2019—2021年）》。①

此外，近年来，中国不断加强与国际刑警组织、联合国毒罪办、经合组织、国际反腐败学院等国际组织与国际机制的实质合作；在《联合国反腐败公约》框架下探索与其他国家的具体执法合作方式，推动司法协助条约谈判取得实质进展；以开放、包容和自信的姿态，充分运用我国日益上升的综合国力和国际影响力，推动形成公正、合理、透明的反腐败国际规则体系，提高我国在全球腐败治理中的制度性话语权。

（五）中国实践引导国际共识、国际成果的形成

从2014年推动亚太经合组织部长级会议通过《北京反腐败宣言》开始，中国主动设置议题，积极搭建国际交流合作平台，不断展现负责任大国的形象，得到了国际社会的积极评价。各国在反腐败领域同中国合作的意愿也更加强烈，中国反腐败国际合作“朋友圈”不断扩大。

近年来，中国以成功的追逃追赃实践引领反腐败国际合作，占据国际道义制高点，赢得了海内外广泛支持和赞誉。做好新形势下追逃追赃工作，要继续扩大反腐败国际合作“朋友圈”，不断凝聚共同打击跨境腐败、拒绝腐败“避风港”等政治共识；要积极参与反腐败国际规则制定，深化和拓展多边、双边框架下的反腐败执法合作网络，把反腐败国际合作共识转化为更多看得见、摸得着的合作

① 田国垒. 携手拉美和加勒比国家，扩大反腐败等领域合作：中国反腐国际合作“朋友圈”再扩大［N］. 中国纪检监察报，2018-02-05（01）；瞿芃. 加强反腐败国际合作写入中非合作论坛成果文件：以“零容忍”态度共同打击腐败［N］. 中国纪检监察报，2018-09-06（03）.

成果。[①]

在“天网”越织越牢、越织越密的大趋势下，外逃腐败分子逐渐沦为人人喊打的“过街老鼠”，无法与反腐败全球治理的向心力聚合力抗衡。数据显示，党的十八大至二十大期间，“天网行动”共追回外逃人员 10668 人，追回赃款 447.9 亿元，“百名红通人员”已有 61 人归案。[②] 中国追逃追赃取得的成绩，既是深化反腐败国际合作的典型成果，也为其他国家惩治腐败提供了方案和借鉴。

2018 年，国家监委成立以来，截至 2020 年 6 月，在外交部、公安部、司法部等部门的协助下，我国对外提出执法合作请求 60 余项、刑事司法协助请求 13 项、引渡请求 7 项，在国内与外方执法机关磋商案件 50 余次，组成 34 个团组赴 18 个国家开展追逃追赃执法合作，这正是运用法治思维和法治方式开展工作的具体实践。

中国将继续加强反腐败国际合作和追逃追赃工作，坚持“零容忍”“零漏洞”“零障碍”三大原则，推动各国拒绝成为腐败分子和腐败资产避风港，为落实 2030 年可持续发展议程、促进全球治理体系改革、构建人类命运共同体不断作出新的贡献。[③]

三、不断提升在反腐败国际立法中的话语权

习近平总书记指出：“讲故事，是国际传播的最佳方式。”通过生动感人的故事载体，可以把中国的反腐败理念、主张贯穿到对外交

① 李鹃. 广安观潮丨敢于斗争善于斗争 坚定不移追逃追赃［N］. 中国纪检监察报，2023-03-22（03）.

② 李鹃. 广安观潮丨敢于斗争善于斗争 坚定不移追逃追赃［N］. 中国纪检监察报，2023-03-22（03）.

③ 陈治治. 凝聚共识 加强合作 携手反腐［N］. 中国纪检监察报，2019-12-09（02）.

流的方方面面。做好中国反腐败内容的国际表达，国际舞台上的清廉中国会更加鲜活，以修正西方长期“妖魔化”中国所造成的偏差。

参与国际事务，增强话语魅力。中国通过积极参与国际机制和全球治理，承担起大国敢为善为的国际责任，回应国际社会对中国的主要关切，增进国家间的相互信任，提高国际话语权。围绕反腐败国际合作与立法主动设置体现中国立场和主张的议题，促使国际传播格局朝着于己有利的方向转变。

牢牢把握对外传播中的反腐话语权。[①] 在反腐舆论引导上，有几个方面的内容非常重要。

第一，真实准确地记录我国的反腐成就。

第二，尽量多挖掘有效信息，压缩负面解读空间。

第三，旗帜鲜明地表达立场。

第四，增强对言论和观点的提炼能力，将报道的重点放在写好消息上，尽可能在一篇稿件中兼顾时效与深度，在第一时间引导舆论。

第五，要注重培养时政类新闻的专业记者队伍。

第六，要注重官方舆论和国内民间舆论的结合，把政府的声音和群众的声音统一起来，使稿件既有政治高度又接地气。反腐败是中国政治民主进程中的一个重要内容，要做好相关报道，不仅要吃透中国的政治制度，还要把握好国民心态，反映中国民众的声音。[②]

总之，中国始终是全球反腐败治理的积极参与者和贡献者。近年来，中国积极参与联合国、亚太经合组织、二十国集团等多边机制下的反腐败磋商，提出反腐败国际合作“四项主张”，举办廉洁丝绸之路分论坛、金砖国家首次反腐败部长级会议，发起《廉洁丝绸之路北京倡议》《金砖国家拒绝腐败避风港倡议》，缔结引渡条约 10 项、

① 梁赛玉，马晓澄. 牢牢把握对外传播中的反腐话语权［J］. 对外传播，2014（6）：54-56.

② 梁赛玉，马晓澄. 牢牢把握对外传播中的反腐话语权［J］. 对外传播，2014（6）：54-56.

刑事司法协助条约5项，国家监委与9个国家签署合作谅解备忘录，我国在反腐败领域的国际话语权和规则制定权不断增强，国际影响力、感召力、塑造力不断提升，一张全球反腐败执法合作网络正在织就。[①]

① 齐心协力 坚决斗争 追逃追赃“天网”愈织愈密：党的十九大以来反腐败国际合作综述［N］. 人民日报海外版，2022-09-07（02）.

结　论

从20世纪中叶开始，随着国际投资与贸易的发展，腐败开始突破一国的界限，成为世界各国所共同面临的难题，任何一个国家都不能独善其身，必须携手应对挑战。因而，许多政府间的国际组织不断加强反腐败国际立法，希望搭建反腐败国际合作平台；一些非政府间的国际组织也着手制定自己的反腐败行业规则与协议。反腐败与推动国际反腐败法律体系的完善成为全球的共同意志与行动，这就是国际组织反腐败立法的逻辑与历史轨迹。

一、国际组织反腐败立法的历史演进及其发展规律

（一）历史演进

国际组织的反腐败合作与立法活动自20世纪70年代开始启动，至今已有50多年历史。这50多年的历史有一个重要的分水岭，那就是《联合国反腐败公约》的制定。据此，我们可以把这50多年的历史大致分为两个时期：《联合国反腐败公约》制定以前和制定以后。

1. 《联合国反腐败公约》制定以前的时期

20世纪中期，在经济全球化浪潮的冲击下，腐败开始跨境蔓延。一些腐败分子逃往国外，转移赃款，利用国际法漏洞和各国法律差异逃避惩罚。故此，1977年，国际商会制定了《国际商会抗击腐败规

则》，以应对商业领域的跨境腐败、贿赂问题。这是世界上最早的国际组织反腐败立法，虽然没有强制力，但在商业领域一般会得到遵从。

到了 20 世纪 90 年代，境内和境外交织腐败现象愈演愈烈。腐败行为国际化的现实，要求反腐败工作也必须国际化，走国际合作之路，在全球执法网络中打击腐败。因而，这一时期，反腐败合作日益活跃。国际组织通过制定一系列的反腐败多边法律文件来积极介入和帮助各国反腐败。

联合国也先后出台《联合国公职人员国际行为守则》《联合国反对国际商业交易中的贪污贿赂行为宣言》《联合国打击跨国有组织犯罪公约》等系列法律文件和宣言。

经合组织出台了一些框架内签署的法律文件：包括 1994 年《经合组织理事会关于国际商务交易活动中反行贿公约的修订建议案》、1996 年《经合组织关于行贿外国公职人员课税减扣适用性的建议》，以及 1997 年《关于打击国际商业交易中行贿外国公职人员行为的公约》等。

还有巴塞尔银行监管委员会的《有效银行监管核心原则》（1997 年 9 月 22 日通过）、国际货币基金组织的《货币和金融政策透明度问题良好做法守则：原则宣言》（1999 年 9 月 26 日通过）、国际商会的《关于打击敲诈和贿赂行为规则》等都有很鲜明指向的金融领域反腐败立法特征。

与此同时，地区性的反腐败公约也开始大量产生，如美洲国家组织、欧盟等区域组织纷纷制定区域性反腐败公约：美洲国家组织 1996 年通过的《美洲国家组织反腐败公约》、欧盟 1997 年通过的《打击涉及欧洲共同体官员或欧洲联盟成员国官员的腐败行为公约》，以及欧洲委员会 1999 年颁布的《欧洲委员会反腐败刑法公约》和《欧洲委员会反腐败民法公约》等。此外，欧盟还出台了《欧洲理事会公约》《打击贪污腐败 20 项指导原则》等重要法律文件。

此外，世界贸易组织、国际监察专员学会、国际检察官学会、国际海关组织、亚洲开发银行、二十国集团等都积极行动起来，针对腐败问题专门制定了适用于本领域的各类规则。与此同时，很多政府间国际组织内部缔约国间的国际反腐败会议也频繁举行。

上述国际法律文件都将腐败作为需要进行惩罚的行为，强调打击国际腐败行为，大多以刑事和行政手段遏制腐败。① 但这些文件仅针对某一区域或某一类型的腐败，缺乏法律约束力和履约监督机制，效果有限。

2. 《联合国反腐败公约》制定的立法指向和意义

为了弥补缺乏全球性、综合性立法的不足，2000 年第 55 届联合国大会决定制定一项专门的反腐败国际公约。随后，联合国成立专门委员会负责起草和谈判这项公约。经过两年多艰苦谈判，2003 年，第 58 届联合国大会通过《联合国反腐败公约》，建立了预防腐败、刑事定罪与执法、国际司法与执法合作、资产追回与返还、履约监督五大机制，吸收了国际社会反腐败的良好实践经验，将之上升为具有约束力的政策和法律要求，开启了国际反腐败斗争的新篇章。

《联合国反腐败公约》是迄今为止唯一的全球性反腐败法律文件，对国际反腐败法治发展具有重大的意义。

《联合国反腐败公约》通过前，有关国际条约主张以法律形式明确规定机构的自治、独立，建立有关反腐败侦查、起诉和审判的程序，明确规定举证责任倒置等证据制度。《联合国反腐败公约》则主张从腐败预防、定罪和执法、国际合作、资产追回、技术援助和信息交流等方面全面立法，是目前有关反腐败立法的纲领性文件。②

《联合国反腐败公约》的制定，表明了国际社会反腐败的共识与

① Hilmar Reaschke-Kessler, Dorothee Gottwald. Corruption in Foreign Investment-Contracts and Dispute Settlement Between Investors, States, and Agents [J]. The Journal of World Investment & Trade, 2008, 9 (1): 10.

② 匡科. 国际反腐败法律制度与我国刑事司法改革：以《联合国反腐败公约》为中心的分析 [J]. 南京师大学报（社会科学版），2006 (1): 31-43.

决心的形成。

3. 《联合国反腐败公约》制定以后的时期

《联合国反腐败公约》通过后，随着反腐败成为国际社会的共识，国际组织在反腐败国际合作方面发挥越来越重要的主导作用，特别是一些国际公约和倡议的提出，有效推动了反腐败的国际进程。世界银行、经合组织、亚太经合组织、透明国际等国际组织都制定了相应的制度或行动指南。① 国际社会反腐败事业不断迈出新步伐。

上述国际组织制定的反腐法律文件与各组织的自身职能、性质和领域紧密相关，具有鲜明的个性。各国际组织以法律形式对反腐败进行的制度创新，提高了反腐败斗争的水平和功效。如将腐败行为纳入刑事犯罪范围，加大了对腐败犯罪的惩治力度。

这个时期的国际组织主导反腐败国际立法的方向主要是全面、整体性综合立法，注重立法的体系化。

（二）发展规律

对50多年国际组织反腐败合作与立法历史的梳理与分析，我们不难看出其历史演进规律。

一是反腐败国际合作机制的构建是从单一国家到双边国家，再到区域性组织公约，最后到全球性反腐公约的演变过程，其涵盖范围随着时代的发展不断扩大。

二是反腐败国际组织立法有着自己独有的发展规律：①反腐败立法形式从无统一的公约向统一立法发展。大多数国际组织都采取了制定统一的反腐败法典及配套法律法规的形式来规制腐败。②反腐败重点由惩治向预防发展。随着反腐败理论的转变，国际反腐败的

① 宋伟，周磊. 反海外腐败的法律与制度：国际比较与中国方案［J］. 行政管理改革，2020（1）：76-84.

重点开始由对腐败的惩治转向预防，如《联合国反腐败公约》强调预防。③由对个别领域的反腐败立法向综合性反腐败立法发展。早期，反腐败立法主要聚焦于对公职人员权力的限制，随着全球经济的发展，开始注意到商事交易等个别领域中的腐败问题，并由此制定了一系列国际公约、国际规范性文件。④强调一体推进反腐败国际合作与立法。随着全球经济一体化，国际腐败的现象无法得到规制，从而慢慢过渡到区域性国际组织、全球性国际组织一起反腐败，并由此创建了反腐败国际合作的规定，如国际司法合作与执法合作的规范与规则。

二、国际组织反腐败法律框架体系梳理

为使反腐败斗争具有法律依据，50 多年来，国际组织制定了种种与自身职能、性质、领域紧密相关的反腐败法律文件和政策。这些法律文件和政策既具有鲜明的个性，也具有普遍意义上的指导性和原则性，主要从宏观上对预防与惩治腐败犯罪进行政策规定。

以《联合国反腐败公约》为中心的法律框架体系主要概述如下。

1. 有拘束力的“硬法”：公约、条约、规则等

（1）《联合国反腐败公约》。

（2）《联合国打击跨国有组织犯罪公约》。

（3）WTO《政府采购协议》。

（4）《关于打击国际商业交易中行贿外国公职人员行为的公约》（简称《OECD 反贿赂公约》）。

（5）《美洲国家组织反腐败公约》（简称《美洲反腐败公约》）。

（6）《联合国反腐败实际措施》。

（7）《联合国执法人员行为守则》。

（8）《联合国公职人员国际行为守则》。

（9）《欧盟关于防止使用金融系统洗钱的指令》。

（10）《欧洲理事会关于清洗、追查、扣押和没收犯罪收益的公约》（简称《欧洲反洗钱公约》）。

（11）《欧共体理事会关于防止为洗钱目的而利用银行系统的指令》（简称《欧洲反洗钱指令》）。

（12）《欧洲理事会公约》。

（13）《欧洲委员会反腐败刑法公约》。

（14）《欧洲委员会反腐败民法公约》。

（15）《欧洲委员会建立反腐败国家集团公约》。

2. 没有拘束力的“软法”：宣言、协议、声明、行业规范等

（1）《联合国反对国际商业交易中的贪污贿赂行为宣言》。

（2）《世界银行反腐败指南》。

（3）《世界银行制裁指南》。

（4）《世界银行制裁理事会规定》。

（5）《世界银行双级制裁体系和廉政承诺指南》。

（6）《世界银行制裁程序》。

（7）《G20 反腐败行动计划》。

（8）《二十国集团拒绝避风港原则》。

（9）《二十国集团刑事司法协助高级原则》。

（10）《G20 资产返还相关原则》。

（11）《世界海关组织阿鲁沙宣言》。

（12）《世界海关组织哥伦比亚宣言》。

（13）《世界海关组织利马宣言》。

（14）《亚洲开发银行反腐败政策》。

（15）《欧盟打击贪污腐败 20 项指导原则》。

（16）《世界审计组织利马宣言》。

（17）《世界审计组织墨西哥宣言》。

（18）《世界审计组织北京宣言》。

（19）《金砖国家领导人第五次会晤德班宣言》。

（20）《金砖国家德班行动计划》。

（21）《金砖国家领导人第六次会晤福塔莱萨宣言》。

（22）《金砖国家领导人第七次会晤乌法宣言》。

（23）《金砖国家领导人第九次会晤厦门宣言》。

（24）《金砖国家领导人第十次会晤约翰内斯堡宣言》。

（25）《金砖国家领导人第十一次会晤巴西利亚宣言》。

（26）《金砖国家领导人第十二次会晤莫斯科宣言》。

（27）《金砖国家领导人第十三次会晤新德里宣言》。

（28）《金砖国家领导人第十四次会晤北京宣言》。

（29）《金砖国家拒绝腐败避风港倡议》。

（30）《金砖国家反腐败部长级会议公报》。

（31）《国际商会抗击腐败规则》。

（32）《国际商会反腐败条款》。

（33）《透明国际商业反贿赂守则》。

（34）《亚行资助投资项目的财务治理与管理指南》。

（35）《亚行贷款采购指南》。

（36）《亚行及其借款人使用咨询顾问指南》。

（37）《亚行反洗钱政策》。

（38）《亚行廉政原则与指南》。

（39）《亚行行政命令：举证人及证人保护》。

（40）《亚洲基础设施投资银行协定》。

（41）《亚洲基础设施投资银行关于禁止性行为的政策》。

（42）《亚洲基础设施投资银行项目影响人群对争议问题的申诉与解决政策》。

（43）《亚洲基础设施投资银行采购政策》。

（44）《亚洲基础设施投资银行员工行为准则》。

（45）《亚太经济合作组织圣地亚哥反腐败和确保透明度承诺》。

（46）《亚太经济合作组织圣地亚哥反腐败与提高透明度行动计划》。

（47）《亚太经济合作组织新加坡反腐败宣言》。

（48）《亚太经济合作组织关于提高政府执行力和反腐力度的指导意见》。

（49）《亚太经济合作组织北京反腐败宣言》。

（50）《经合组织关于国际投资和跨国公司的宣言》。

（51）《经合组织跨国企业行为准则》。

3. 配套性的政策工具：指南、方案

（1）《经合组织理事会关于在国际商务交易活动中反行贿公约的修订建议案》（简称“1994 年 OECD 修正案”）。

（2）《经合组织关于行贿外国公职人员课税减扣适用性的建议》。

（3）《经合组织关于打击国际商业交易中行贿外国公职人员行为的公约》。

（4）《经合组织禁止在国际商业交易中贿赂外国公职人员公约的注释》。

（5）《经合组织公共服务中提高道德行为建议案》。

（6）《经合组织关于贿赂和官方支持的出口信贷问题的建议》。

（7）《经合组织关于进一步打击国际商业交易中贿赂外国公职人员行为的税收措施建议》。

（8）《经合组织公共服务中管理利益冲突建议案》。

（9）《经合组织贿赂与出口信用建议案》。

（10）《亚太地区反腐败行动计划》。

（11）《亚洲开发银行反腐败政策》。

（12）《国际商会道德与合规培训手册》。

（13）《国际商会反腐败中小企业第三方尽职调查》。

（14）《国际商会礼品和接待指南》。

（15）《国际商会第三方揭弊指南》。

国际组织的反腐败立法，为反腐败合作增添了新的规范内涵，也为各国的反腐国家立法提供了新的立法经验。

未来，国际反腐败法律体系将朝着法典化、系统化、完备化的方向发展。

三、非政府间国际组织反腐败立法的效力

非政府间国际组织反腐败立法的效力有两种类型。

一是一些非政府间国际组织的反腐败规则与制度虽没有强制力，但在其领域内能得到普遍的遵从。

如：国际商会反腐败规则与惯例是在多年的国际投资与贸易实践中产生的，行之有效，是商业领域各方面各环节的预防措施，确实避免了绝大多数的投资和贸易摩擦，促进了国际商务进程。①

另外，世界审计组织、国际反贪局联合会等也有类似的情况。

二是非政府间国际组织欠缺国际法的立法与执法权力，在政府间国际组织开会时只能有限度地参与，而无法行使投票权。尽管非政府间国际组织尝试通过建构跨国倡议网络进行系统化的游说，说服特定国家改变关于反腐败工作的立场，再由该国协助说服其他国家共同改变立场，继而达到改变既定国际规则的目标，但这种间接的做法产生的影响力十分有限。

① 唐姚．增强企业境外反腐意识 树立企业良好国际形象［N］．法制生活报，2018-08-17（07）．

四、国际组织反腐败立法的历史贡献

（一）国际社会形成反腐败合作与立法共识的主要推动者[①]

一是国际组织通过大会、领导人峰会等形式，设置反腐败国际合作与立法的议题，凝聚共识，达成协议，推出一系列反腐败公约、宣言、协定、声明等法律文件。

二是国际组织通过定期发布报告，监督各缔约国的反腐落实情况，敦促政府履行承诺，以保证国际反腐合作的持续性。

三是国际组织充分利用各类媒体和社交平台发声，传播反腐败理念、思想与理论，建立广泛的反腐败统一战线。

四是国际组织承办反腐败培训学校，举办各类研讨会和专题研讨班，培养大批职业反腐败精英与未来领袖，以此扩大影响，形成反腐败国际合作与立法的共识。

（二）反腐败国际立法的主要制定者

据作者不完全统计，从 1977 年以来，各类国际组织制定了有关反腐败的规范性文件逾千部，充实与丰富了国际反腐败法律体系。

（三）国际反腐败工具的主要开发者

当前，国际上较有权威性的廉政评估体系分别是世界银行的控

① 张丽华，高晗. 中国参与国际反腐败合作的问题及发展路径：以透明国际为例［J］. 理论探讨，2022（6）：79-85.

制腐败指数，世界经济论坛的非法支付和贿赂指标，透明国际的全球清廉指数、行贿指数、全球腐败晴雨表。

此外，透明国际研制了许多的政策工具：全球腐败晴雨表、《全球腐败报告》、《透明国际相关研究数据汇编》、腐败在线研究与信息系统。

五、未来国际组织反腐败立法的展望

一是越来越多的国际组织代表新兴国家与广大发展中国家的利益，考虑他们的反腐败呼声与要求，并把这些呼声与要求纳入国际反腐败立法之中。

二是国际组织反腐败立法会朝着以《联合国反腐败公约》为中心的体系化方向迈进。

三是国际反腐败立法，尤其是非政府间国际组织反腐败立法会越来越具有普遍意义，在业内得到普遍遵从。

四是中国推动国际反腐败立法的现象会越来越多并成为常态。

五是完善履约监督机制，以敦促各国切实采取务实的反腐败措施与行动。国际组织要尊重各国主权、社会制度和发展阶段的差异，务实一体推进反腐败国际合作与立法，不断充实其内涵；同时，敦促各国采取务实措施和切实行动，坚持有腐必反、有贪必肃，为世界经济发展创造风清气正的良好环境。

后　记

对本书的构思始于2005年，当时，我正主持湖南省社科基金一般项目“《联合国反腐败公约》与中国反腐败法制的完善”。之后，专门研究一些有代表性的国际组织的反腐败立法的想法越来越强烈。于是，我也有意识地搜集了一些国际组织反腐败立法的资料。尤其是党的十八大以来，以习近平同志为核心的党中央积极推进中国特色大国外交，取得了巨大的成就。中国通过APEC、G20、“一带一路”国际合作高峰论坛、金砖国家领导人会晤，牵头发布了一系列反腐败宣言、倡议、原则等法律文件。作为理论工作者，我有责任前瞻性地思考和研究上述问题。无论是作为国家社科基金重大项目“推进反腐败国家立法与党内法规、制度建设研究”的首席专家，还是主持2017年“十三五”国家重点出版规划项目“中国反腐败国家立法研究丛书”、2018年湖南省社科基金智库重大项目“中国反腐败立法研究”、2022年国家出版基金项目“中国反腐败国家立法研究丛书”、2023年广西大学应用经济学学科交叉科研项目“‘一带一路’建设中国—东盟经贸合作廉洁规则研究”，我都把国际组织反腐败立法研究作为研究内容之一。日积月累，搜集的资料越来越多，思考越来越成熟。在此基础上，我参考了大量中英文文献，写成本书。

不论是在湖南大学工作，还是调入广西大学工作，我都没有停止过对本书的思考与写作。

感谢各级社科基金、规划项目的资助。尤其要感谢湖南省哲学社会科学规划基金办公室，允许我主持的湖南省2018年湖南省社科基金智库重大项目“中国反腐败立法研究”延期结题。也要感谢广西大学科研院鼓励我申报 2023 年广西大学应用经济学学科交叉科研项目“‘一带一路’建设中中国—东盟经贸合作廉洁规则研究”。

感谢湖南大学的领导、同事给予我的关怀、支持，感谢广西大学的领导、同事给予我的关怀、支持。

感谢家人们长期以来对我的理解、包容与支持。正是有了这些理解、包容与支持，我才能在学术的道路上勇往直前。

是为记。

聂资鲁

2023 年 7 月

于广西大学法学院